INTRODUCTION

A

L'ÉTUDE DU DROIT

PARIS. — TYPOGRAPHIE HENRI PLON, IMPRIMEUR DE L'EMPEREUR,
RUE GARANCIÈRE 8.

INTRODUCTION

A

L'ÉTUDE DU DROIT

PAR

A. LAIRTULLIER

NOTAIRE HONORAIRE

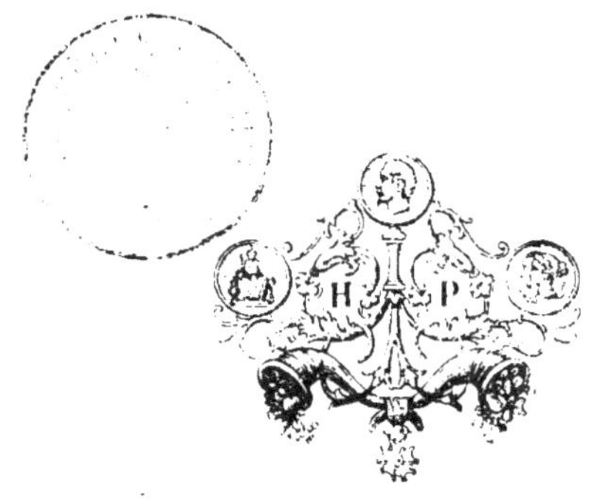

PARIS

HENRI PLON, IMPRIMEUR-ÉDITEUR

RUE GARANCIÈRE, 10

1867

Droits réservés.

A LA COMPAGNIE

DES NOTAIRES DE PARIS.

En dédiant mon livre à cette compagnie, j'acquitte, autant qu'il est en moi, une dette naturelle. C'est chez l'un de ses membres, dans l'étude de l'auteur du PARFAIT NOTAIRE, que j'ai puisé les premiers principes de cette noble et utile profession; noble en effet, car elle participe de la magistrature en ce que les notaires impriment aux actes qu'ils reçoivent l'authenticité et la force exécutive. Et quelle autre est plus utile aux particuliers dont les notaires reçoivent et conservent en dépôt non-seulement les conventions qui doivent être exécutées du vivant des parties contractantes, mais encore les dernières volontés qui ne doivent avoir leur effet qu'après la mort des testateurs? L'institution des notaires remonte à un temps déjà fort ancien, car il en est mention sous le titre de tabellions dans les Institutes de l'empereur Justinien, c'est-à-dire dans le sixième siècle de notre ère. En France, la mission du notaire

1

ne se borne pas, comme dans un pays voisin, à attester simplement les conventions rédigées par les parties en y souscrivant les mots : Quod attestor, et sa signature. Le notaire est chez nous le rédacteur des conventions des parties. Il doit les rédiger avec la clarté, l'énergie et la concision qui conviennent au style de la loi, et de manière à éviter autant que possible les difficultés et les procès. Pour cela, il a besoin d'être initié à la connaissance du droit, afin de bien comprendre la portée des expressions qu'il emploie et la conséquence des clauses qu'il rédige.

C'est dans cet esprit que j'ai conçu la pensée de ce petit ouvrage, où sont exposés sommairement les principes généraux de la science du droit. Lorsque l'étudiant en sera imbu, il lui sera facile de faire de rapides progrès avec le secours des excellents et plus amples traités que nous possédons sur cette matière.

Puisse ce livre être utile aux jeunes gens studieux qui se destinent à la carrière du notariat ! Ce sera pour moi la plus honorable récompense des veilles et des travaux qu'il m'a coûté.

PRÉFACE.

Les hommes ont été créés pour vivre en société, comme cela semble suffisamment indiqué par la parole et la raison dont ils ont été particulièrement dotés, à la différence des autres animaux qui passent leur vie individuellement. En effet, dès que les petits sont en état de pourvoir à leurs besoins, ils se séparent des père et mère et cherchent chacun pour soi son vivre et son abri. Quelques-uns, il est vrai, forment entre eux une sorte d'association. Mais c'est plutôt par l'effet d'un pur mécanisme inhérent aux organes que par le jugement et la raison. Les constructions, l'ordre du travail, la manière de vivre sont dès l'origine à l'état de perfection. La société humaine, au contraire, a ses commencements, ses progrès, sa maturité, sa décadence et sa fin. Elle peut recevoir autant de formes diverses qu'il y a de peuples ou de nations. Et dans chaque peuple, la forme est susceptible de modifications et de changements.

Mais comme que soit réglée la police d'un peuple ou d'une cité, elle ne pourra se maintenir que par la justice. Sans la justice, la science ne servirait qu'à nous procurer les moyens de nous enrichir aux dépens d'autrui. La force ne serait qu'une massue entre les mains du puissant pour opprimer le faible ; ce qui est en opposition flagrante avec la société établie pour que chacun puisse conserver ce qui lui appartient. Enfin, la tempérance ne pourrait pas même exister sans la justice.

Nous devons donc nous appliquer principalement à cultiver cette vertu, non-seulement parce qu'elle est nécessaire au maintien de la société, mais encore pour elle-même, comme un guide qui doit nous diriger dans toute la conduite de la vie. Car il est des actions qui, pour ne pas tomber sous la vindicte des lois, ne sont pas moins contraires à l'honnêteté, et dont on est comptable, sinon devant le tribunal des hommes, du moins devant sa propre conscience, c'est-à-dire devant Dieu. L'on doit s'abstenir de telles actions aussi bien que de celles qui sont punies par les lois, parce qu'elles sont également contraires à l'équité.

Nous suivrons dans ce travail la méthode adoptée par l'empereur Justinien dans ses Institutes. Nous emprunterons même souvent son texte, qui est un modèle de concision, de pureté et d'élégance, dont nous élaguerons les parties de droit civil qui ne sont plus chez nous en usage. Ce livre est, en effet, le résumé des profondes méditations des plus célèbres jurisconsultes, exposées dans l'ordre le plus méthodique et le plus propre à inculquer dans l'esprit des jeunes gens studieux les principes de la science du droit. C'est proprement le fil à l'aide duquel ils pourront se retrouver dans ce vaste labyrinthe. De même que dans un cabinet d'histoire naturelle le maître doit ranger avec ordre les divers objets par genres ou par espèces, pareillement et avec plus de soin encore et de diligence l'étudiant doit classer dans le magasin de sa mémoire les matériaux qu'il y a amassés, afin de pouvoir les trier aisément et les employer avec discernement à la construction de la science.

Au texte de Justinien nous ajouterons, quand l'occasion se présentera, les règles de notre droit qui ont remplacé celles du droit romain, et que nous avons tirées soit de nos Codes, soit de nos meilleurs auteurs.

INTRODUCTION

A

L'ÉTUDE DU DROIT.

TITRE PRÉLIMINAIRE.

SECTION I.

DE LA JUSTICE ET DU DROIT.

§ 1. La justice est la volonté constante et perpétuelle d'attribuer à chacun son droit.

§ 2. La jurisprudence ou science du droit est la connaissance des choses divines et humaines, la notion du juste et de l'injuste.

§ 3. Les préceptes du droit sont ceux-ci :

Vivre honnêtement, ne point faire de tort à autrui, attribuer à chacun le sien.

§ 4. Cette étude s'applique chez nous, comme chez les Romains, au droit public et au droit privé. Le droit public regarde le gouvernement de l'État. Le droit privé concerne l'utilité des particuliers.

§ 5. A l'exemple de Justinien, nous traiterons seulement du droit privé, lequel est tripartite. Car il se forme des préceptes naturels, des préceptes du droit des gens, c'est-à-dire adoptés par toutes les nations civilisées, et des préceptes civils.

SECTION II.

DU DROIT NATUREL, DU DROIT DES GENS ET DU DROIT CIVIL.

§ 1. Le droit naturel est celui que la nature enseigne à tous les animaux; car ce droit n'est pas seulement propre aux hommes, mais à tous les animaux qui naissent dans l'air, sur la terre et dans la mer. De là découle l'union du mâle avec la femelle, que nous appelons mariage; de là la procréation des enfants et leur éducation. Car nous voyons que les autres animaux connaissent aussi ce droit.

§ 2. Nous remarquerons ici que le mot français *droit* ne correspond pas complétement au mot latin *jus*. Celui-ci a une signification plus étendue et plus générale. Il implique la force et le commandement, dérivant du verbe *jubere*. Suivant cette définition, l'on doit entendre par ces mots *jus naturale* l'ordre établi par le Créateur non-seulement pour les révolutions et l'équilibre des corps célestes, mais aussi pour la conservation et la reproduction de tous les êtres qui habitent la terre; lois immuables comme la nature, lesquelles s'exécutent forcément, indépendamment de la volonté. C'est dans cette acception que le mot *jus* est commun aux hommes et aux animaux. Ulpien et Justinien après lui ont usé de ce mot dans son sens le plus large.

Dans notre langue, le mot *droit*, par lequel nous traduisons le mot *jus*, n'a pas une si ample signification. Il contient seulement l'idée de justice, c'est-à-dire de force dirigée par la raison, par opposition à cette force aveugle ou instinctive qui régit les brutes et même les choses inanimées. Par conséquent, on ne saurait dans notre langue appliquer le mot droit convenablement qu'aux êtres doués de raison, c'est-à-dire aux hommes, et non aux autres animaux. Sous le mérite de cette observation, nous laisserons subsister la division tripartite établie par Justinien.

§ 3. Le droit civil diffère du droit des gens en ce que tous les peuples qui sont régis par des lois ou des mœurs usent en partie du droit qui leur est propre et en partie du droit commun à tous les hommes ; car le droit que chaque peuple s'est constitué à lui-même s'appelle droit civil, comme si l'on disait droit de la cité. Ce que la raison naturelle a établi entre tous les hommes est observé également chez tous, et cela s'appelle droit des gens, c'est-à-dire droit dont usent toutes les nations. Ainsi, le peuple français use en partie du droit qui lui est propre et en partie du droit qui est commun à tous les hommes, toutes choses que nous expliquerons chacune en son lieu.

1.

§ 4. Le droit civil prend son nom de chaque cité. Par cité, il faut entendre non-seulement la ville, mais tout l'État dont elle est la capitale. Ainsi l'on appelle chez nous droit civil celui dont use tout le peuple français.

§ 5. Le droit des gens est commun à toutes les nations, car, selon l'exigence de l'usage et des nécessités humaines, les nations ont constitué entre elles certains droits. Les guerres sont nées et par suite les captivités et l'esclavage, qui est contraire au droit naturel, puisque tous les hommes naissent libres. Depuis longtemps l'esclavage a été rayé du droit des gens. Il existe encore pourtant dans quelques parties de l'Amérique, mais il est si peu reconnu par les autres nations qu'elles tendent toutes à l'abolir là où il existe encore, et qu'il suffit à l'esclave de toucher le sol de la France pour devenir libre à l'instant.

§ 6. C'est du droit des gens aussi que descendent presque tous les contrats, comme la vente et achat, la location et conduction, la société, le dépôt, le prêt et autres innombrables.

§ 7. Avec le droit des gens, il ne faut pas confondre le droit international, lequel est fondé sur les traités et conventions passés entre deux ou plusieurs nations relativement à des intérêts communs entre elles.

§ 8. Le droit dont nous usons est écrit ou non

écrit. Le droit écrit consiste en France dans les constitutions de l'État, les lois, les décrets du souverain, les arrêtés, décisions et ordonnances des magistrats, chacun dans sa juridiction.

§ 9. On entend par constitution l'acte par lequel la nation ou l'autorité qui la représente et qu'elle a déléguée à cet effet détermine les droits politiques de ses membres, la forme de son gouvernement et l'organisation des pouvoirs publics dont son gouvernement se compose.

§ 10. Les lois sont ce que, sur la proposition du gouvernement, l'assemblée des députés du peuple français régulièrement convoquée a décidé à la majorité, et qui a été approuvé par le Sénat et sanctionné par le souverain.

§ 11. Les décrets du souverain sont des règlements, soit généraux, soit particuliers, rendus pour l'exécution des lois ou des décisions du souverain sur une affaire qui a été portée devant lui en son conseil d'État.

§ 12. Les arrêtés des préfets dans les matières qui sont de leur compétence ont force de loi, mais seulement dans l'étendue de leurs départements respectifs.

§ 13. Les ordonnances ou arrêtés des maires ont aussi l'autorité de la loi dans leurs communes respectives et pour les matières qui sont de leur compétence.

§ 14. Le droit non écrit résulte de ce que l'usage a confirmé. En effet, les habitudes constantes approuvées par le consentement de ceux qui en font usage sont censées imiter la loi. Il est bien entendu néanmoins qu'elles n'ont force de loi que dans les localités où elles sont pratiquées.

§ 15. Les droits naturels qui sont observés chez toutes les nations demeurent immuables. Mais ceux que chaque nation se constitue reçoivent de fréquents changements par des lois nouvelles.

§ 16. Tout le droit dont nous usons concerne les personnes, les choses et les actions. Il est juste de traiter d'abord des personnes, puisque c'est à cause d'elles que le droit a été constitué.

LIVRE PREMIER.

DU DROIT DES PERSONNES.

TITRE Ier.

§ 1. Chez les Romains, au sujet du droit des personnes, la principale division était celle-ci : Tous les hommes sont libres ou esclaves. Il définissaient la liberté la faculté naturelle à chacun de faire ce que bon lui semblait, à moins qu'il ne fût empêché par la violence ou par le droit. La servitude était une constitution du droit des gens suivant laquelle quelqu'un était soumis au domaine d'autrui, contrairement à la nature. Aujourd'hui, chez toutes les nations civilisées, l'esclavage est, comme nous l'avons dit, retranché du droit des gens. Les prisonniers de guerre sont rendus ou échangés en vertu des traités.

§ 2. Nous n'avons donc point à nous occuper de cette première division des personnes. Nous remarquerons seulement que l'esclavage, qui nous semble un droit barbare, était déjà un premier pas vers la civilisation. Car dans le principe les lois de la guerre donnaient le droit au vainqueur de tuer les prisonniers afin d'inculquer dans l'esprit des combattants qu'il fallait ou vaincre ou mourir. A cette dure loi fut substituée la servitude, c'est-à-dire le droit de conserver la vie aux prisonniers, sous la condition qu'ils seraient soumis à la puissance absolue du vainqueur. Ils étaient considérés non plus comme des personnes, mais comme des choses dont le maître pouvait disposer à sa volonté.

§ 3. Et pour ne pas laisser ignorer complétement cette partie du droit romain, nous dirons sommairement : 1° qu'outre les esclaves provenant de la captivité, il y avait encore ceux qui naissaient de femmes esclaves, lesquels suivaient la condition de leurs mères, et ceux qui de libres se faisaient volontairement esclaves à prix d'argent, autrement dit qui vendaient leur liberté.

2° Qu'il n'existait aucune différence dans la condition de ces divers esclaves, mais qu'il en existait une assez marquée dans la condition des hommes libres, car il y avait les ingénus et les affranchis. Les ingénus étaient ceux issus du mariage de deux personnes ingénues ou de deux personnes affranchies, ou d'une personne affranchie et d'une ingénue. Les affranchis étaient ceux émancipés d'une juste servitude.

3° Que les affranchis, dans le principe, ne jouissaient pas des droits de citoyen romain, mais que ce titre leur fut concédé par une **constitution** de l'empereur Justinien.

4° Qu'ils étaient tenus envers leurs anciens maîtres ou patrons à de certains devoirs de reconnaissance et de respect; et qu'enfin leur succession était, dans certains cas, dévolue, soit en tout, soit en partie, à leurs patron ou patronne.

TITRE II.

DES PERSONNES USANT DE LEURS DROITS (*sui juris*) ET DE CELLES SOUMISES AU DROIT D'AUTRUI.

§ 1. Suit une autre division des personnes; car les unes usent de leurs droits, les autres sont soumises au droit d'autrui. Parmi les personnes soumises au droit d'autrui, l'on distingue les enfants, qui sont sous la puissance du père, et les femmes mariées, qui sont sous la puissance de leurs maris.

§ 2. Nous traiterons d'abord des personnes qui sont soumises au droit d'autrui. Lorsque nous les connaîtrons, il sera facile de comprendre celles qui sont *sui juris*.

TITRE III.

DE LA PUISSANCE PATERNELLE.

§ 1. Sont sous notre puissance les enfants que nous avons procréés en légitime mariage. Est légitime le mariage qui a été contracté entre un homme et une femme selon les règles et dans les formes prescrites par la loi civile.

§ 2. Chez les Romains, le pouvoir qu'un père avait sur ses enfants était immense, et à peu près semblable à la puissance du maître sur ses esclaves. Il s'étendait non-seulement sur ses enfants, mais sur ses petits-enfants, arrière-petits-enfants, jusqu'à l'infini, et durait jusqu'à l'émancipation. Tout ce qui leur advenait par succession, donation, legs ou autrement, était acquis au père de famille. Ils étaient incapables d'acquérir quoi que ce soit pour leur propre compte, hormis le pécule *castrense*, qui se composait du butin et de ce qui était pris à la guerre et distribué aux vainqueurs. Le pécule *castrense* pouvait devenir considérable chez un peuple qui était presque toujours en guerre et presque toujours victorieux.

§ 3. Dans le droit français, la puissance paternelle n'existe plus guère que de nom. Elle cesse à la majorité des enfants, et ne s'étend point aux petits-enfants. Elle se borne au gouvernement de la personne et des biens des enfants jusqu'à ce qu'ils soient en âge de se gouverner eux et leurs biens. Ils sont présumés être en âge dès qu'ils ont atteint leur vingt et unième année révolue.

§ 4. De là suit le droit qu'ont les pères et mères de retenir leurs enfants auprès d'eux et de les envoyer dans telle école ou autre lieu qu'ils jugent à propos pour leur éducation. De là suit aussi qu'un enfant qui est sous la puissance paternelle ne peut entrer dans aucun état ni profession sans le consentement des père et mère, excepté dans l'état militaire, mais seulement après l'âge de dix-huit ans révolus.

§ 5. De là suit encore le droit de correction qu'ont les pères et mères sur leurs enfants en cas de mécontentement grave, ainsi qu'il est expliqué en détail au Code Napoléon.

§ 6. Bien que la puissance paternelle expire à la majorité des enfants, néanmoins les pères et mères conservent le droit, pendant toute leur vie, d'exiger de leurs enfants certains devoirs de respect et de reconnaissance. De là dérive l'obligation où sont les enfants de requérir le consentement de leurs pères et mères pour contracter mariage, comme aussi de fournir, autant qu'il est en leur pouvoir, les aliments nécessaires à leurs pères et mères qui se trouvent réduits à l'état d'indigence, laquelle obligation s'étend en faveur des ascendants.

§ 7. Enfin, la puissance paternelle chez nous donne au père le droit de jouir des biens personnels de ses enfants jusqu'à l'âge de dix-huit ans accomplis, ou jusqu'à leur émancipation avant cet âge, à la charge de les nourrir, entretenir et élever selon leur fortune, et de supporter toutes les charges imposées aux usufruitiers.

§ 8. La puissance paternelle est exercée par le père seul durant le **mariage**. Après la dissolution du mariage, elle passe à la mère survivante, laquelle néanmoins perd la jouissance des biens personnels de ses enfants **mineurs** en cas de second mariage.

§ 9. Si la puissance paternelle était exorbitante dans le droit romain, l'on pourrait dire avec raison qu'elle pèche par l'excès contraire dans notre droit. D'où provient cet amoindrissement? L'on en trouverait peut-être la cause dans l'organisation de nos sociétés modernes, dont tous les membres tendent de plus en plus à s'individualiser. Ce qui paraît hors de doute, c'est que cette tendance a contribué peu à peu à détruire l'esprit de famille, à corrompre les mœurs et à affaiblir le gouvernement de la chose publique.

TITRE IV.

DE LA PUISSANCE MARITALE.

§ unique. Dans l'ancien droit romain, cette puissance était à peu près pareille à celle que le père avait sur ses enfants. Dans notre droit, elle oblige la femme à habiter avec son mari; elle rend la femme inhabile à aliéner, disposer ni aucunement contracter sans l'autorité et consentement de son mari, qui seul a l'administration de tous les biens personnels de sa femme. Elle ne peut non plus ester en jugement sans cette autorisation. Mais elle n'en a pas besoin pour faire son testament.

TITRE V.

DU MARIAGE LÉGITIME.

§ 1. Après avoir traité de la puissance paternelle et de la puissance maritale, il est naturel de
parler du mariage légitime, qui est le moyen d'acquérir ces deux sortes de puissance.

§ 2. L'union de l'homme avec la femme, qui
descend du droit naturel (comme nous l'avons vu
sous le titre préliminaire, sect. II, § 1), a été soumise dans notre droit français à des formes qui en
ont fait un contrat civil. C'est même le contrat
le plus excellent, comme le fait remarquer notre
jurisconsulte Pothier, puisque c'est celui qui inté-
resse le plus la société civile. En effet, le mariage
est le fondement de la famille et la pépinière
de l'État. Aussi le législateur l'a-t-il environné
de solennités et de faveurs particulières. Le mariage est célébré publiquement par l'officier de
l'état civil, en présence de quatre témoins, devant lesquels les parties déclarent se prendre
mutuellement pour mari et femme. Il doit être
précédé des publications prescrites par la loi,
afin que ceux qui y ont intérêt puissent y former
opposition.

§ 3. Or, pour contracter mariage valablement,

l'homme doit avoir au moins dix-huit ans révolus, et la femme quinze ans révolus.

§ 4. Le mariage n'est pas permis entre toutes personnes indistinctement. En ligne directe, il est prohibé entre tous les ascendants et descendants légitimes ou naturels et les alliés dans la même ligne.

§ 5. En ligne collatérale, le mariage est prohibé entre le frère et la sœur, légitimes ou naturels, et les alliés au même degré; comme aussi entre l'oncle et la nièce, entre la tante et le neveu. Néanmoins, le mariage qui serait contracté nonobstant ces prohibitions ne serait pas nul de plein droit. La nullité en devrait être demandée par ceux qui y ont intérêt, ainsi que le tout est détaillé dans la loi.

§ 6. Les enfants nés hors mariage s'appellent, dans notre droit, enfants naturels. Or les enfants naturels, autres que ceux issus d'un commerce incestueux ou adultérin, peuvent être légitimés par le mariage subséquent de leurs père et mère. Cette légitimation leur confère les mêmes droits que s'ils étaient nés de ce mariage.

§ 7. Les enfants naturels qui ont été simplement reconnus par le père et la mère, ou par l'un des deux, ne peuvent réclamer le droit d'enfants légitimes. Ils ne sont point héritiers. La loi ne leur accorde sur les biens de leur père ou mère qu'une portion aliquote, qui varie selon le nombre et la qualité des héritiers légitimes. Ils sont obligés de se faire envoyer en possession par justice des portions que la loi leur accorde. Toutefois, la reconnaissance faite par le père ou la mère leur donne sur les enfants naturels reconnus un droit de puissance paternelle ou maternelle, en ce sens qu'ils peuvent, en cas de mécontentement grave, exercer les corrections autorisées par la loi à l'égard des enfants légitimes. (Voir le § 5, titre III.)

§ 8. Quant aux enfants adultérins ou incestueux, la loi ne leur accorde que des aliments.

TITRE VI.

COMMENT SE DISSOUT LA PUISSANCE PATERNELLE OU MARITALE.

§ 1. A la suite du mariage légitime, l'empereur Justinien a placé dans ses Instituts le titre de l'adoption, parce qu'elle était, dans le droit romain, un moyen d'acquérir la puissance paternelle. Comme l'adoption, dans notre droit, ne confère aucune puissance à l'adoptant sur l'adopté, lequel reste dans sa famille naturelle, ce n'est pas ici le lieu d'en traiter ; elle sera plus convenablement placée sous le titre des successions, auquel nous renvoyons.

§ 2. Nous allons voir maintenant comment ceux qui sont soumis au droit d'autrui sont libérés de ce droit. Les enfants qui sont sous la puissance du père, par sa mort, deviennent *sui juris,* à moins qu'ils n'aient encore leur mère, sous la puissance de laquelle ils demeurent jusqu'à leur majorité ou jusqu'à la mort de leur mère arrivée auparavant.

§ 3. Deviennent également *sui juris* les enfants qui sont émancipés avant leur majorité. Or, un enfant mineur est émancipé de plein droit par le mariage.

§ 4. Le mineur même non marié peut être émancipé par son père, ou, à défaut du père, par sa mère, lorsqu'il a atteint l'âge de quinze ans révolus. Cette émancipation s'opère par la déclaration du père ou de la mère, reçue par le juge de paix assisté de son greffier.

§ 5. L'enfant émancipé peut gérer et administrer ses biens et affaires; mais il ne peut vendre ni aliéner ses immeubles, ni faire aucun acte autre que ceux de pure administration, sans observer les formes prescrites au mineur non émancipé.

§ 6. La puissance paternelle se dissout naturellement par la majorité de l'enfant qui y était soumis, c'est-à-dire lorsqu'il a atteint sa vingt et unième année révolue.

§ 7. Elle se dissout aussi lorsque le père ou la mère, qui en sont investis, sont privés de leurs droits civils par une condamnation judiciaire; car la puissance paternelle, étant un effet civil du mariage, doit cesser par la privation des droits civils.

§ 8. A l'égard de la puissance maritale, elle se dissout par la mort du mari, ou encore lorsqu'il vient à être privé de ses droits civils.

TITRE VII.

DES TUTELLES ET CURATELLES.

§ 1. Passons maintenant à une autre division des personnes ; car, outre celles qui ne sont point en la puissance d'autrui, il y en a qui sont en tutelle ou en curatelle, et d'autres qui ne sont soumises ni à l'un ni à l'autre droit. Nous traiterons de celles qui sont en tutelle ou en curatelle, et ainsi il sera facile de connaitre celles qui ne sont soumises ni à l'un ni à l'autre droit. Commençons par les personnes qui sont en tutelle.

§ 2. Les Romains définissaient la tutelle une certaine autorité accordée par le droit civil à quelqu'un pour protéger celui qui, par la faiblesse de son âge ou de sa raison, est incapable de se défendre lui-même. Cette définition est applicable au droit français.

§ 3. Dans le droit romain, le mineur (nous ne parlons pas de celui qui était voisin de l'enfance) pouvait passer tous actes et contrats. Ces actes et contrats étaient valables et l'obligeaient comme s'il eût été majeur, pourvu que son tuteur y fût intervenu et y eût interposé son autorité pour augmenter et compléter la personne du mineur : les mots *auctor, auctoritas,* dérivant du verbe *augere.* Si le tuteur n'avait point interposé son autorité à ces actes, le mineur n'était point obligé, mais seulement la partie qui avait contracté avec lui. Par exemple, si quelqu'un avait vendu un effet quelconque à un mineur sans l'autorité de son tuteur et son intervention au contrat, le vendeur était obligé à livrer la chose vendue ; mais il n'avait pas d'action pour en exiger le prix contre le mineur, qui n'était pas obligé.

§ 4. Dans le droit français, le mineur (non émancipé) ne peut faire par lui-même aucun acte, quand même il serait assisté de son tuteur ; mais le tuteur a le droit de faire seul, au nom du mineur, tous les actes qui concernent l'administration de ses biens, comme de louer et affermer les maisons et les terres, de toucher et recevoir les revenus et même les capitaux, d'en faire le placement et l'emploi au nom du mineur, et de passer tous les autres actes de cette nature. Mais il ne peut, au nom du mineur, emprunter, vendre ni aliéner, sans observer les formalités prescrites par la loi ; de manière que, pour ces actes, le tuteur est pour ainsi dire sous la tutelle du conseil de famille et des tribunaux.

TITRE VIII.

DE LA TUTELLE LÉGITIME.

§ 1. Après la dissolution du mariage arrivée par la mort naturelle ou civile de l'un des époux, la tutelle des enfants mineurs et non émancipés appartient de plein droit au survivant des père et mère. On pourrait demander à quoi bon cette tutelle, puisque le père ou la mère survivant a sur ses enfants mineurs le droit de puissance paternelle, qui est plus étendu que l'autorité du tuteur. La réponse est qu'après la mort de son père ou de sa mère l'enfant mineur a des intérêts qui se trouvent en opposition avec ceux du survivant. Dans ce cas, le survivant est, quant à l'administration des biens, réduit au rôle de tuteur; et le législateur lui a créé un contradicteur qu'on appelle subrogé tuteur, en présence duquel le tuteur légitime est tenu de passer tous les actes dans lesquels il pourrait avoir des intérêts opposés à ceux du mineur. Du reste, le tuteur conserve sur la personne de ses enfants mineurs son droit de puissance paternelle dans toute sa plénitude.

§ 2. Le subrogé tuteur est nommé par le conseil de famille, composé de six membres, parents ou amis des mineurs, trois du côté paternel et trois du côté maternel, et présidé par le juge de paix. Le subrogé tuteur doit être nécessairement choisi parmi les parents ou amis du côté de l'époux décédé.

§ 3. Le dernier mourant des père et mère a le droit de choisir un tuteur, soit parent, soit étranger, par testament ou par déclaration devant le juge de paix assisté de son greffier, ou par-devant notaire.

§ 4. Lorsqu'il n'a pas été choisi au pupille un tuteur par le dernier mourant de ses père et mère, la tutelle appartient de droit à son aïeul paternel, à défaut de celui-ci à son aïeul maternel, et ainsi en remontant, de manière que l'ascendant paternel soit toujours préféré à l'ascendant maternel du même degré.

TITRE IX.

DE LA TUTELLE DATIVE.

§ 1. Lorsqu'un enfant mineur et non émancipé est resté sans père ni mère, ni tuteur élu par ses père et mère, ni ascendants mâles, il est pourvu à la nomination d'un tuteur par le conseil de famille, qui nomme en même temps le subrogé tuteur. Ce conseil est composé comme il a été dit au titre VIII, § 2.

§ 2. Or, toutes personnes ne sont pas tenues d'accepter la tutelle dative, si elles se trouvent dans les cas de dispense prévus par la loi. Il existe aussi des causes d'incapacité, d'exclusion et de destitution de la tutelle qui sont détaillées dans la loi.

TITRE X.

DE LA TUTELLE DES INTERDITS.

§ 1. Non-seulement les mineurs de vingt et un ans sont pourvus de tuteurs, mais encore les majeurs qui sont dans un état habituel de démence ou de fureur. On les appelle interdits.

§ 2. L'interdiction peut être provoquée par les parents ou par l'époux, et, à défaut d'époux ou de parents connus, par le procureur impérial. Elle est prononcée, sur l'avis du conseil de famille, par un jugement rendu par le tribunal de première instance.

§ 3. Le tuteur et le subrogé tuteur d'un interdit sont nommés par le conseil de famille, composé ainsi qu'il a été dit pour la tutelle des mineurs.

§ 4. L'interdit est assimilé au mineur pour sa personne et pour ses biens. Les revenus d'un interdit doivent être essentiellement employés à adoucir son sort et à accélérer sa guérison.

TITRE XI.

DES CURATEURS.

§ 1. Chez les Romains, la tutelle cessait aussitôt que les pupilles avaient atteint l'âge de puberté. Mais attendu qu'à cet âge (quatorze ans pour les garçons et douze ans pour les filles) ils n'étaient point encore capables de gérer et administrer leurs biens et affaires, ils étaient pourvus de curateurs jusqu'à l'âge de vingt-cinq ans accomplis. De même qu'une jeune tige encore molle et flexible a besoin d'être appuyée et soutenue; lorsqu'elle commence à devenir plus robuste, elle n'exige plus autre chose que les soins de la culture, jusqu'à ce que l'arbre soit parvenu à sa perfection.

§ 2. Bien qu'en tutelle ou en curatelle, le pupille ou l'adulte étaient, comme il a été expliqué ci-dessus, personnes *sui juris* auxquelles ne s'appliquait pas le mot d'émancipation, qui ne convenait qu'aux personnes soumises au droit d'autrui, néanmoins ce mot a été introduit dans le droit français au titre de la tutelle dative, parce qu'en effet, dans le droit français, la tutelle est une espèce d'interdiction qui annule en quelque sorte la personne du mineur, du moins quant à l'administration de ses biens et affaires.

§ 3. Toutefois, attendu qu'entre la première enfance et la majorité il existe un âge où le mineur use de sa raison, il a semblé juste de lui permettre d'administrer ses biens et affaires, lorsqu'il en est jugé capable par le conseil de famille. Dans ce cas, le juge de paix qui a présidé la délibération prononce l'émancipation du mineur.

§ 4. Mais cette émancipation ne peut s'opérer avant que le mineur ait atteint sa dix-huitième année, à la différence de celle qui peut avoir lieu dans la tutelle légitime dès l'âge de quinze ans, ainsi qu'il a été dit au titre VI, § 4. La raison de cette différence est que dans la tutelle légitime le mineur émancipé demeure sous la puissance paternelle.

§ 5. Le mineur émancipé doit être pourvu d'un curateur dont la principale fonction est d'assister le mineur dans l'examen du compte de tutelle qui doit lui être rendu par son tuteur.

§ 6. Le mineur émancipé peut faire tous les actes de simple administration, mais il ne peut intenter une action immobilière, ni y défendre, même recevoir un capital mobilier et en donner décharge sans l'assistance de son curateur, qui, au dernier cas, doit surveiller l'emploi du capital reçu.

§ 7. Il ne peut emprunter sans délibération du conseil de famille homologuée par le tribunal; il ne peut non plus vendre et aliéner ses immeubles sans observer les formalités prescrites pour la vente des biens de mineurs non émancipés.

§ 8. Il est un autre cas de curatelle lorsqu'une femme se trouve enceinte à l'époque du décès de son mari. Dans ce cas, il est nommé par le conseil de famille un curateur au ventre, lequel, à la naissance de l'enfant, en devient de plein droit le subrogé tuteur.

§ 9. Enfin, il y a le curateur à la succession vacante, dont nous parlerons en son lieu.

TITRE XII.

DE L'ADMINISTRATION DU TUTEUR.

§ 1. Le tuteur prend soin de la personne et des biens du mineur. Il administre ses biens en bon père de famille, et le représente dans tous les actes civils. Il doit faire procéder à l'inventaire des biens du mineur en présence du subrogé tuteur, et, après la clôture de l'inventaire, faire vendre aux enchères, par le ministère d'un officier public, les meubles autres que ceux que le conseil de famille l'aurait autorisé à conserver.

§ 2. Le tuteur ne peut acheter les biens du mineur ni les prendre à ferme, à moins que le conseil de famille n'ait autorisé le subrogé tuteur à lui en passer bail, ni accepter la cession d'aucun droit ou créance contre son pupille.

§ 3. Le tuteur ne peut emprunter pour son pupille, ni aliéner ou hypothéquer ses biens immeubles que dans les cas et selon les formes prescrits par la loi. Il ne peut accepter ni répudier une succession échue à son pupille sans une autorisation préalable du conseil de famille. Il a également besoin d'une pareille autorisation pour accepter une donation faite à son pupille, pour intenter en justice une action relative aux droits immobiliers du mineur, enfin pour transiger au nom du mineur; encore la transaction ne peut-elle avoir lieu que d'après l'avis de trois jurisconsultes désignés par le procureur impérial.

TITRE XIII.

DE LA GARANTIE DE LA GESTION DES TUTEURS.

§ 1. Dans le droit romain, le préteur devait veiller à ce que les tuteurs et curateurs donnassent caution pour la bonne gestion des biens et affaires des pupilles et mineurs. Étaient néanmoins exempts de cette caution les tuteurs nommés par testament, *quia fides eorum et diligentia ab ipso testatore approbata est ;* comme aussi les tuteurs et curateurs donnés après enquête, attendu qu'ils avaient été choisis *idoines*.

§ 2. Dans notre droit, les tuteurs ne sont pas tenus de donner caution; mais les immeubles du tuteur légitime ou datif sont frappés par la loi d'une hypothèque générale au profit du mineur, à compter du jour de l'acceptation de la tutelle. Cette hypothèque existe indépendamment de l'inscription sur les registres du bureau de la conservation des hypothèques, ainsi qu'on le verra ci-après.

TITRE XIV.

DE QUELLES MANIÈRES FINISSENT LA TUTELLE ET LA CURATELLE.

§ 1. Les jeunes gens de l'un et l'autre sexe sont délivrés de la tutelle lorsqu'ils ont atteint l'âge de vingt et un ans accomplis, ou lorsqu'ils ont été émancipés avant cet âge.

§ 2. Or l'émancipation a lieu de plein droit par le mariage, comme il a été dit titre VI, § 3.

§ 3. Elle peut avoir lieu aussi par le consentement du père, ou de la mère survivante, ou du conseil de famille, comme il est expliqué aux titres VI, § 4, et XI, § 3 et 4.

§ 4. Ceux-là cessent d'être tuteurs qui par suite de condamnations judiciaires ont été privés de leurs droits civils, comme aussi ceux qui ont été destitués de la tutelle.

§ 5. La curatelle finit à peu près par les mêmes causes que la tutelle.

TITRE XV.

DES COMPTES DE TUTELLE.

§ 1. Lorsque la tutelle commence, il se forme, comme nous le verrons ci-après, un quasi-contrat entre le tuteur et le mineur, par lequel le tuteur est obligé envers le mineur à lui rendre compte de son administration. Le mineur, de son côté, est obligé d'indemniser le tuteur des avances par lui faites dans l'administration de la tutelle.

§ 2. Ce compte se compose ordinairement de trois chapitres : celui des recettes, qui comprend tout ce que le tuteur a eu à recevoir pour le mineur, soit qu'il l'ait effectivement reçu, soit qu'il ne l'ait pas reçu ; celui des dépenses, qui comprend toutes les sommes qu'il a dépensées pour le mineur ; et celui des reprises, qui comprend les sommes qu'il n'a pu recevoir pour le mineur et dont il s'est chargé en recette. Ce qui reste du chapitre des recettes, déduction faite tant de la dépense que de la reprise, forme le reliquat du compte.

§ 3. Le compte de tutelle doit être remis avec les pièces justificatives à l'oyant dix jours au moins avant l'arrêté définitif dudit compte.

§ 4. La somme à laquelle s'élève le reliquat dû par le tuteur produit des intérêts sans demande à compter de la clôture du compte.

LIVRE DEUXIÈME.

DE LA DIVISION DES CHOSES ET DES DIFFÉRENTES MANIÈRES D'EN ACQUÉRIR LE DOMAINE.

TITRE PRÉLIMINAIRE.

§ unique. Nous avons exposé dans le livre précédent le droit des personnes. Nous allons voir les choses qui sont dans notre patrimoine ou hors de notre patrimoine ; car certaines choses sont par le droit naturel communes à tous, certaines sont publiques, d'autres appartiennent à une université, quelques-unes ne sont à personne, la plupart appartiennent aux particuliers : elles sont acquises à chacun par divers moyens, ainsi qu'il apparaîtra par ce qui suit.

TITRE Ier.

DES CHOSES QUI SONT COMMUNES A TOUS, ET DES CHOSES PUBLIQUES.

§ 1. Suivant le droit naturel, l'air, la lumière, la mer et par elle les rivages de la mer sont communs à tous; les fleuves et les ports sont publics, et par conséquent le droit de pêche et de navigation est commun à tout le peuple.

§ 2. Le droit civil français a modifié le droit naturel, en ce sens que les fleuves et rivières navigables ou flottables, les rivages, lais et relais de la mer, les ports, les havres, les rades, et généralement toutes les portions du territoire national qui ne sont pas susceptibles d'une propriété privée, sont considérées comme dépendance du domaine public. En conséquence, le droit de pêcher dans les rivières ou fleuves navigables ou flottables est affermé au profit du fisc, qui perçoit aussi un impôt sur l'air que nous respirons et sur la lumière du jour qui nous éclaire.

TITRE II.

DES CHOSES QUI APPARTIENNENT A UNE UNIVERSITÉ.

§ 1. Les choses qui appartiennent à une université, telles qu'une commune, une ville ou autre corporation quelconque, sont celles dont l'usage est commun à tous les membres de cette commune, de cette ville ou de cette corporation, comme les fontaines, les chemins, les places publiques, les temples et autres édifices publics.

§ 2. La contribution perçue pour l'usage et la jouissance de ces choses n'est pas le prix de cette jouissance ou de cet usage, mais elle est destinée à subvenir aux frais d'entretien de ces choses.

TITRE III.

DES CHOSES QUI N'APPARTIENNENT A PERSONNE.

§ 1. Suivant le droit romain, les choses *nullius* étaient les choses *sacrées*, telles que les temples régulièrement consacrés par les pontifes, et les dons offerts pour le culte de Dieu ; les choses *religieuses*, telles que les lieux où un mort avait été déposé ; et les choses *saintes*, telles que les murs et les portes de ville.

§ 2. Dans le droit français, ces choses sont réputées appartenir, savoir : les temples au domaine de la ville ou de la commune dans laquelle ils sont situés ; les dons offerts pour le culte de Dieu, à la fabrique de l'église ; les murs et les portes de ville, au domaine de l'État. Quant à la place où un mort aurait été déposé, elle ne cesse pas d'appartenir à celui qui en était propriétaire.

§ 3. Dans la classe des choses *nullius* sont rangées les épaves, c'est-à-dire les choses trouvées sur la voie publique et dont les propriétaires ne se présentent pas ; comme aussi les objets rejetés par la mer après un naufrage, et qui ne sont réclamés par personne ; enfin tous les animaux sauvages.

TITRE IV.

DES CHOSES QUI APPARTIENNENT AUX PARTICULIERS.

§ 1. Ils en acquièrent la propriété de beaucoup de manières différentes. En effet, nous acquérons le domaine de certaines choses par le droit naturel, appelé aussi le droit des gens, et de certaines autres par le droit civil. Il est convenable de commencer par le plus ancien, c'est-à-dire par le droit naturel, que la nature a formé en même temps que le genre humain; tandis que le droit civil n'a existé qu'à mesure que les cités ont été fondées, les magistrats créés et les lois écrites.

§ 2. *Occupation.* Les bêtes sauvages, les oiseaux, les poissons et tous les animaux qui naissent dans la mer, sous le ciel et sur la terre, deviennent, par le droit des gens, la propriété de celui qui les a capturés; car ce qui n'appartenait auparavant à personne doit, par la raison naturelle, être au premier occupant. Peu importe si les bêtes sauvages ou les oiseaux ont été pris par quelqu'un sur votre terrain; la bête qu'il a prise est censée à lui tant qu'elle est sous sa garde. Mais dès qu'elle a recouvré sa liberté, elle cesse d'être à lui et devient de nouveau la propriété du premier occupant. Or la bête est censée avoir recouvré sa liberté lorsqu'elle s'est dérobée à la vue de celui qui l'avait prise, ou qu'elle est tellement éloignée que la poursuite en est difficile.

§ 3. On a demandé si la bête sauvage ayant été grièvement blessée, au point de pouvoir être prise, est réputée dès ce moment vous appartenir. Quelques-uns ont été d'avis qu'elle devait vous appartenir immédiatement ; d'autres ont pensé qu'elle ne devenait vôtre que par la capture. L'empereur Justinien a adopté ce dernier avis, attendu qu'il peut arriver beaucoup d'accidents qui s'opposent à la capture.

§ 4. La nature des abeilles est également sauvage ; c'est pourquoi les abeilles qui sont établies dans le creux de votre arbre ne vous appartiennent pas plus, avant que vous les ayez renfermées dans une ruche, que les oiseaux qui ont fait leur nid dans votre arbre. C'est pourquoi, si un autre les a renfermées avant vous dans une ruche, elles sont à lui. Pareillement les rayons de miel par elles déposés peuvent être enlevés par le premier venu. Il est bien entendu que , si, avant qu'il les ait enlevés, vous l'avez aperçu entrant sur votre terrain, vous pouvez l'en empêcher. Il en est de même de l'essaim qui s'est envolé de votre ruche. Il est censé vous appartenir tant que vous avez vue dessus, et que la poursuite n'en est pas difficile ; autrement, il appartient au premier occupant.

§ 5. La nature des pigeons ramiers est également sauvage. Peu importe qu'ils aient l'habitude de s'envoler et de revenir. Car ainsi font les abeilles, dont il est constant que la nature est sauvage.

Quelques-uns ont des cerfs tellement apprivoisés, qu'ils s'en vont dans la forêt et reviennent au gîte. Et cependant personne ne nie que leur nature soit sauvage. La règle adoptée en général pour tous les animaux qui ont l'habitude de s'en aller et de revenir est qu'ils sont censés vous appartenir tant qu'ils conservent l'habitude de revenir ; car, s'ils perdent cette habitude, ils cessent de vous appartenir, et ils sont au premier occupant. Or ils sont réputés avoir perdu l'esprit de retour lorsque leur habitude de revenir a discontinué.

§ 6. La nature des poules et des canards n'est pas sauvage. Ce que l'on peut conclure de ce qu'il existe une autre espèce soit de poules ou de canards que nous appelons sauvages. C'est pourquoi, si vos poules ou vos canards, troublés par quelque bruit, s'envolent, bien qu'ils aient échappé à votre vue et en quelque lieu qu'ils soient, sont toujours censés vous appartenir ; et celui qui les retient pour en faire son profit est réputé commettre un vol.

§ 7. *Item,* les choses que nous prenons aux ennemis nous appartiennent par le droit des gens, sauf les prisonniers de guerre, dont nous avons parlé au liv. Ier, tit. Ier, § 1.

§ 8. *Item*, les pierres précieuses et les autres choses qui sont trouvées sur les rivages de la mer appartiennent par le droit naturel à l'inventeur.

§ 9. *Item*, les petits qui naissent des animaux soumis à notre domaine nous appartiennent en vertu du même droit.

§ 10. *Alluvion*. En outre, ce-qu'un fleuve a ajouté par alluvion à votre terrain vous est acquis par le droit des gens. On entend par alluvion un accroissement insensible, de manière qu'il soit impossible de calculer ce qui a été ajouté dans chaque instant. Il n'en est pas de même si un fleuve, par la violence du courant, a transporté une portion de votre terrain sur le terrain de votre voisin. La portion transportée demeure votre propriété. (Conservé par le droit français.)

§ 11. *Iles*. L'île née dans la mer (ce qui arrive rarement) appartient au premier occupant, car elle est réputée n'être à personne.

§ 12. L'île née dans un fleuve (ce qui arrive fréquemment), si elle était née au milieu du fleuve, appartenait en commun, selon le droit romain, aux riverains des deux côtés du fleuve, et à chacun dans la proportion de la largeur du terrain qu'il possédait sur la rive du fleuve. Si l'île n'était pas formée au milieu du fleuve, mais près de l'une des rives, elle appartenait au propriétaire riverain du côté où l'ile s'était formée.

§ 13. Le droit français a établi une distinction entre les iles nées dans un fleuve ou une rivière navigable ou flottable et les iles formées dans une rivière non navigable ou flottable, distinction qui résulte de ce qui a été exposé sous le tit. Ier, § 2.

En effet, les premières font partie du domaine national, comme le fleuve ou la rivière. Les secondes appartiennent aux propriétaires riverains du côté où l'ile s'est formée. Si l'ile n'est pas formée d'un seul côté, elle appartient aux propriétaires riverains des deux côtés, à partir de la ligne qu'on suppose tracée au milieu de la rivière. C'est en effet cette ligne qui sépare la propriété de la rivière entre les deux riverains.

§ 14. Si un fleuve ou une rivière se divisait en deux et se rejoignait ensuite, enfermant entre ses bras le terrain d'autrui de manière à en former une ile, cette ile appartenait au propriétaire du terrain. Ce droit a été conservé dans la loi française, encore que le fleuve ou la rivière où l'ile a été formée soit navigable ou flottable.

§ 15. Si le fleuve, abandonnant son lit naturel, se formait un lit nouveau, le premier lit appartenait à ceux qui avaient des terrains auprès, en proportion de la largeur de leurs terrains sur la rive, et le nouveau lit devenait public comme le fleuve;

3

ce qui a été modifié par le droit français, en ce sens que les propriétaires des fonds nouvellement occupés par le fleuve prennent, à titre d'indemnité, l'ancien lit abandonné, chacun dans la proportion du terrain qui lui a été enlevé. Si quelque temps après le fleuve retournait dans son premier lit, le nouveau lit devenait la propriété de ceux qui possédaient du terrain auprès de la rive.

§ 16. Autre est la cause de celui dont le terrain a été totalement inondé, car l'inondation ne change pas la forme d'un fonds, et lorsque l'eau se sera retirée, il est évident que le fonds continuera d'appartenir à celui qui le possédait avant l'inondation.

§ 17. *Spécification.* Lorsque avec la matière d'autrui quelqu'un avait composé une matière nouvelle, on avait agité dans le droit romain la question de savoir qui des deux par le droit naturel était maître de la chose nouvelle, ou celui qui l'avait composée, ou celui qui était maître de la matière ; par exemple : si quelqu'un, avec les raisins, les olives ou le blé d'autrui, avait fait du vin, de l'huile ou du pain ; ou si, avec l'or, l'argent ou le cuivre d'autrui, il avait composé quelque vase ; ou si, avec le vin d'autrui et du miel, il avait composé la boisson appelée *mulsum ;* ou si, avec les ingrédients d'autrui, il avait composé un emplâtre ou collyre ; ou avec la laine d'autrui un vêtement ; avec les planches d'autrui un bateau, une armoire, un siége. Après de longs débats agités sur cette question dans l'école des Sabiniens et dans celle des Proculéiens, l'empereur Justinien a tranché toutes les questions de ce genre par le bon sens et l'équité, en décidant que le maître de la matière demeurerait propriétaire de l'objet spécifié, si cet objet pouvait être converti à son premier état de matière : par exemple, un vase d'or ou d'argent; sinon, le *spécificateur*, par exemple, celui qui avait fait le vin, le pain, l'huile. Que si l'objet avait été formé en partie avec la matière d'autrui et en partie avec la sienne, le *spécificateur* devenait à plus forte raison le maître de l'objet.

§ 18. Il est sous-entendu que, dans tous les cas où le *spécificateur* restait maître de l'objet, il devait une indemnité à celui dont il avait employé la matière. Il est également sous-entendu que le *spécificateur* ignorait que la matière par lui employée appartint à autrui. Autrement il se serait rendu coupable de vol.

§ 19. Voici comment le législateur français a décidé ces questions.

1° Si un artisan ou une personne quelconque a employé une matière qui ne lui appartenait pas à former une chose d'une nouvelle espèce, soit que la matière puisse ou non reprendre sa première forme, celui qui en était le propriétaire a le droit de réclamer la chose qui en a été formée, en remboursant le prix de la main-d'œuvre. Si cependant la main-d'œuvre était tellement importante qu'elle surpassât de beaucoup la matière employée, l'industrie serait alors réputée la partie principale, et l'ouvrier aurait droit de retenir la chose travaillée, en remboursant le prix de la matière au propriétaire.

2° Lorsqu'une personne a employé en partie la matière qui lui appartenait et en partie celle d'autrui à former une chose d'une espèce nouvelle, sans que ni l'une ni l'autre des deux matières soit entièrement détruite, mais de manière qu'elles ne puissent pas être séparées sans inconvénient, la chose est commune aux deux propriétaires, en raison quant à l'un de la matière qui lui appartenait, et quant à l'autre en raison à la fois et de la matière qui lui appartenait et du prix de la main-d'œuvre.

3° Lorsqu'une chose a été formée par le mélange de plusieurs matières appartenant à différents propriétaires, mais dont aucune ne peut être considérée comme la matière principale ; si les matières peuvent être séparées, celui à l'insu duquel les matières ont été mélangées peut demander la division. Si les matières ne peuvent plus être séparées sans inconvénient, ils en acquièrent en commun la propriété dans la proportion de la quantité, de la qualité et de la valeur des matières appartenant à chacun d'eux. Si la matière appartenant à l'un des propriétaires était de beaucoup supérieure à l'autre par la quantité et le prix, en ce cas le propriétaire de la matière supérieure en valeur pourrait réclamer la chose provenue du mélange, en remboursant à l'autre la valeur de sa matière.

§ 20. *Édification*. Lorsque quelqu'un, avec les matériaux d'autrui, avait construit un édifice sur son terrain, il était, selon le droit romain, réputé maître de l'édifice, en vertu de ce principe : que tout ce qui est construit sur le sol cède au sol, *ædificatio solo cedit*. Toutefois, celui qui était maître des matériaux ne cessait pas d'en être propriétaire; mais il ne pouvait les revendiquer, à cause de la loi des Douze Tables, qui ne permettait pas que des matériaux étrangers pussent être enlevés de l'édifice. Mais dans ce cas le propriétaire du sol était tenu de payer au maître des matériaux le double de la valeur.

§ 21. Cette disposition de la loi romaine a été conservée dans le droit français, avec cette différence que le propriétaire du sol n'est pas tenu de payer au maître des matériaux le double de leur valeur, mais leur simple valeur, plus des dommages-intérêts s'il y a lieu.

§ 22. Si au contraire quelqu'un, avec ses matériaux, avait construit une maison sur le sol d'autrui, la maison, selon le droit romain, appartenait au propriétaire du sol. Mais dans ce cas le maître des matériaux en perdait la propriété, attendu qu'il savait qu'il construisait sur le sol d'autrui. Mais s'il se croyait propriétaire du sol, et qu'il fût possesseur de bonne foi, il pouvait exiger du véritable propriétaire du sol le prix des matériaux et de la main-d'œuvre.

§ 23. Cette disposition de la loi romaine a été modifiée de la manière suivante par la loi française : lorsque les constructions ont été faites par quelqu'un avec ses matériaux sur le sol d'autrui, le propriétaire du sol a le droit de les retenir ou d'obliger le constructeur à les enlever. Si le propriétaire du sol préfère conserver les constructions, il doit le remboursement de la valeur des matériaux et du prix de la main-d'œuvre, sans égard à la plus ou moins grande augmentation de valeur que le fonds a pu recevoir. Néanmoins, si le constructeur se croyait propriétaire du sol et l'occupait de bonne foi, le vrai propriétaire ne peut demander la suppression des constructions; mais il a le choix ou de rembourser la valeur des matériaux et du prix de la main-d'œuvre, ou de rembourser une somme égale à celle dont le fonds a augmenté de valeur.

§ 24. *Plantation.* Suivant le droit romain, si *Titius* avait planté sur son terrain l'arbre d'autrui, cet arbre appartenait à Titius, en vertu du principe:

plantatio solo cedit. Si au contraire *Titius* avait planté son arbre sur le terrain de *Mævius*, l'arbre appartenait à *Mævius,* pourvu que dans l'un et l'autre cas l'arbre eût poussé des racines ; car, tant qu'il n'avait pas poussé de racines, il demeurait la propriété de celui qui en était le maître ; mais du moment où l'arbre avait poussé des racines, sa propriété subissait un changement, au point que, si l'arbre du voisin avait pressé le terrain de *Titius* de manière à y pousser ses racines, il serait devenu la propriété de *Titius,* attendu que la raison ne permet pas qu'un arbre appartienne à un autre qu'à celui sur le terrain duquel il a poussé ses racines. C'est pourquoi l'arbre planté près de la limite du voisin, s'il avait poussé des racines sur le terrain de ce voisin, devenait commun.

§ 25. On voit avec quel soin le législateur romain s'appliquait à donner les raisons de la loi. Le législateur français a confondu dans une même disposition la construction et la plantation, sans se préoccuper de la raison qui fait qu'elles cèdent au sol. A l'égard des constructions, c'était par une raison d'intérêt public consacré par la loi des Douze Tables. Quant aux plantations, c'était par un motif tiré de la nature même.

§ 26. Par la même raison que les arbres qui croissent dans le terrain d'autrui cèdent au sol, les blés qui y sont semés cèdent également au sol, sauf l'indemnité qu'a le droit de demander celui qui a semé le blé ou planté l'arbre, s'il a semé ou planté de bonne foi.

§ 27. *Les lettres et la peinture.* Les anciens jurisconsultes romains avaient décidé que les lettres, fussent-elles d'or, devaient céder au parchemin sur lequel elles étaient tracées, de même que les édifices et les plantes cédaient au sol. C'est pourquoi, si *Titius* avait écrit sur des feuilles de parchemin à vous appartenant, soit un poëme, soit une histoire, soit une harangue, ce corps devenait la propriété non pas de *Titius,* mais de vous propriétaire du parchemin, sauf l'indemnité à laquelle *Titius* avait droit, s'il était de bonne foi possesseur du parchemin.

§ 28. Pareillement si un peintre avait tracé une peinture sur la toile appartenant à autrui, quelques-uns pensaient que la peinture cédait à la toile, et par conséquent appartenait au maître de la toile. D'autres pensaient que la toile cédait à la peinture. L'empereur Justinien a suivi cette dernière décision. Car, dit-il, il serait ridicule qu'une peinture d'*Apelle* ou de *Parrhasius* cédât à une vile toile.

L'empereur aurait dû décider dans le même sens à l'égard du poëme, de l'histoire ou de la harangue.

§ 29. Toutes ces questions ont paru tellement oiseuses au législateur français, qu'il ne les a même pas soulevées.

§ 30. *Perception des fruits.* Si quelqu'un de bonne foi avait acheté un fonds de celui qui n'en était pas propriétaire, mais qu'il en croyait être propriétaire, ou s'il avait reçu ce fonds à titre de donation ou à quelque autre juste titre, mais toujours de bonne foi, les fruits par lui perçus lui appartenaient par le droit naturel, *pro culturà et curà.* C'est pourquoi, si le véritable maître se présentait et revendiquait le fonds, il ne pouvait pas répéter les fruits consommés par le possesseur. Le même droit ne compétait pas au possesseur qui savait posséder le fonds d'autrui. Il était tenu de rendre les fruits même consommés, c'est-à-dire leur valeur.

§ 31. Quant à l'usufruitier d'un fonds, il ne devenait propriétaire des fruits qu'autant qu'il les avait perçus lui-même. C'est pourquoi, s'il venait à décéder avant d'avoir perçu les fruits, quoique parvenus à leur maturité, ces fruits n'appartenaient pas à ses héritiers, mais au propriétaire du fonds.

§ 32. Dans le fruit des animaux domestiques étaient compris leurs petits, de même que leur lait, leur poil et leur laine. C'est pourquoi les agneaux, les chevreaux, les poulains, les jeunes porcs, appartenaient à l'usufruitier par le droit naturel.

§ 33. Mais si quelqu'un avait l'usufruit d'un troupeau, il devait remplacer les têtes de bétail qui étaient mortes dans le troupeau par les petits qui étaient nés pendant l'usufruit. Comme aussi l'usufruitier devait remplacer les ceps de vigne et les arbres qui étaient morts; car il devait cultiver en bon père de famille.

§ 34. Les dispositions contenues dans les quatre paragraphes qui précèdent ont été conservées dans la loi française.

§ 35. *Trésor*. L'empereur Adrien, suivant l'équité naturelle, avait accordé la propriété d'un trésor à celui qui le découvrait dans son héritage ou qui le découvrait par l'effet du hasard dans un lieu sacré ou religieux. Mais si quelqu'un découvrait un trésor par cas fortuit et sans l'avoir cherché dans la propriété d'autrui, il en avait accordé la moitié au propriétaire du lieu et l'autre moitié à l'inventeur. Cette disposition a été adoptée par la loi française, sans distinction du lieu sacré ou religieux.

§ 36. La *tradition* est aussi un moyen d'acquérir les choses par le droit naturel; car rien n'est plus convenable à l'équité naturelle que cette ratification de la volonté du maître qui veut transférer sa chose à autrui. C'est pourquoi, de quelque sorte que soit une chose corporelle, elle peut être livrée, et la tradition faite par le maître en opère l'aliénation. Les immeubles livrés à titre de donation, de dot ou à tout autre titre sont sans nul doute transférés au donataire, et généralement à qui on les délivre à tout autre titre.

§ 37. Toutefois les choses vendues et livrées ne sont acquises à l'acheteur qu'autant qu'il a payé le prix au vendeur ou qu'il lui a donné des garanties, comme une caution ou un gage. Bien que cette disposition soit écrite dans la loi des Douze Tables, elle n'en résulte pas moins du droit des gens, c'est-à-dire du droit naturel ; mais si le vendeur a suivi la foi de l'acheteur, par exemple, s'il lui a accordé terme pour le payement du prix, la chose est acquise à l'acheteur aussitôt après la tradition.

§ 38. Peu importe que la tradition soit faite par le propriétaire, ou de son consentement par un autre qui avait la chose en sa possession.

§ 39. Quelquefois même il suffit de la volonté nue du propriétaire sans tradition pour transférer la chose, par exemple, si quelqu'un vous vend, vous donne ou vous constitue en dot une chose que vous aviez déjà en votre possession à titre de prêt, de location ou de dépôt.

§ 40. Pareillement, si quelqu'un vous a vendu une marchandise déposée dans son grenier, sitôt qu'il vous a remis les clefs de son grenier, il vous a transféré la propriété de cette marchandise.

Observation relative à la tradition.

Dans les cinq paragraphes qui précèdent, nous avons exposé les principes consacrés par le droit romain. Ces principes étaient parfaitement admis dans l'ancienne jurisprudence française. Ils étaient fondés sur ce que les conventions des parties ne peuvent transférer la propriété d'une chose : *non nudis pactionibus dominium transferri potest ;* que les conventions des parties ne peuvent produire que des obligations et des actions. C'est pourquoi l'on tenait que la tradition réelle ou fictive était seule capable de transférer la propriété d'une chose.

Le Code Napoléon (art. 1583) a posé en principe que la vente est parfaite entre les parties et que la propriété est acquise de droit à l'acheteur *à l'égard du vendeur* dès qu'on est convenu de la chose et du prix, quoique la chose n'ait pas encore été livrée ni le prix payé. Cette disposition, bien que contraire au droit naturel, paraît avoir été insérée au Code pour prévenir la fraude. En effet, dans l'ancien droit, un homme de mauvaise foi, après avoir vendu et non livré sa chose à quelqu'un moyennant un prix convenu, pouvait la vendre et la livrer à un autre moyennant un prix plus considérable. Le premier acheteur, faute de livraison, n'avait contre son vendeur que l'action personnelle tendant à se faire délivrer la chose vendue ; mais il n'avait aucune action réelle ou en revendication contre le second acheteur. Ce qui indique que la disposition de la nouvelle loi française aurait été adoptée seulement afin de prévenir la fraude, ce sont les mots : *à l'égard du vendeur,* qui restreignent l'effet de la disposition entre le vendeur et l'acheteur ; d'où il suit que la propriété de la chose vendue et non livrée n'est pas acquise à l'acheteur à l'égard des tiers, et que par conséquent le créancier du vendeur aurait le droit de faire saisir entre les mains du vendeur la chose vendue et non livrée.

On remarquera, en outre, que la disposition ne s'applique qu'aux choses immobilières. Cela résulte de la disposition insérée en l'art. 1141 de ce Code, où il est dit que, *si la chose qu'on s'est obligé de livrer à deux personnes est purement mobilière, celle des deux qui a été mise en possession réelle est préférée et demeure propriétaire, encore que son titre soit postérieur en date, pourvu que la possession soit de bonne foi.*

TITRE V.

DES CHOSES CORPORELLES ET INCORPORELLES.

§ 1. Certaines choses sont corporelles, d'autres sont incorporelles. Les corporelles sont celles qui peuvent être touchées, comme un fonds de terre, un cheval, un vêtement, de l'or, de l'argent et autres innombrables.

§ 2. Les incorporelles sont celles qui ne peuvent être touchées, telles sont les choses qui consistent en un droit, comme une hérédité, un usufruit, un usage et toutes les obligations, de quelque manière qu'elles soient contractées. Peu importe que des choses corporelles soient comprises dans l'hérédité. En effet, les fruits qui sont perçus par l'usufruitier du fonds sont corporels aussi, et tout ce qui nous est dû en vertu de quelque obligation est la plupart du temps corporel, comme un fonds de terre, un cheval, une somme d'argent ; mais ce sont le droit d'hérédité, le droit d'usufruit et le droit résultant de l'obligation qui sont incorporels.

§ 3. Il faut dire la même chose des droits de servitude que nous avons sur les héritages, soit de la ville, soit de la campagne.

TITRE VI.

DES SERVITUDES SUR LES HÉRITAGES.

§ 1. Ce paragraphe et les quatre suivants sont tirés du droit romain. Les droits de servitude sur les héritages ruraux sont : *iter, actus, via, aquæductus. Iter,* le sentier par lequel on ne peut faire passer qu'un homme sans cheval ni voiture. *Actus,* le chemin par lequel on peut faire passer un cheval et une voiture. Celui qui a droit à l'*iter* n'a pas droit à l'*actus.* Celui qui a droit à l'*actus* a implicitement droit à l'*iter. Via,* qui est la voie la plus large, renferme le droit à l'*iter* et à l'*actus,* et, de plus, à la promenade, *ambulatio.* L'aqueduc est le droit de conduire de l'eau à travers le champ d'autrui.

§ 2. On appelle servitudes urbaines celles qui sont inhérentes aux édifices. Elles sont dites urbaines parce que nous appelons héritages urbains tous les édifices quelconques, quand même ils seraient construits à la campagne. Or, les servitudes urbaines consistent :

A ce qu'un héritage supporte les charges de l'héritage voisin ; à ce qu'il soit permis à quelqu'un d'appuyer sa poutre sur le mur du voisin ; à ce que quelqu'un reçoive dans son héritage ou dans le terrain qui l'environne l'eau d'une gouttière ou d'un ruisseau ; à ce qu'il ne soit pas permis à quelqu'un d'élever ses constructions au delà d'une certaine hauteur, afin de ne pas nuire au jour de son voisin.

§ 3. Quelques-uns ont rangé avec raison parmi les servitudes rurales le droit de puiser de l'eau, de mener ses troupeaux à l'abreuvoir, de les faire paître, de cuire de la chaux, de fouiller du sable.

§ 4. Toutes ces servitudes sont dites d'héritage parce qu'elles ne peuvent être établies sans héritage. En effet, personne ne peut acquérir de servitude, soit urbaine, soit rurale, s'il n'a un héritage.

§ 5. Si quelqu'un veut constituer un droit de cette nature au profit de son voisin, il doit le faire par des conventions. Il peut aussi par son testament interdire à son héritier le droit de bâtir au delà d'une certaine hauteur, afin de ne pas nuire au jour de son voisin ; ou ordonner à son héritier de souffrir que son voisin appuie sa poutre sur le mur de son héritier, ou de souffrir le droit de passage ou d'aqueduc par le fonds dudit héritier.

§ 6. Le Code Napoléon a distingué trois classes de servitudes. La servitude naturelle, qui dérive de la situation des lieux, par exemple, lorsque les eaux découlent du fonds supérieur sur le fonds inférieur ; la servitude légale, qui résulte de la loi, comme le marchepied le long des rivières navigables ou flottables, et les servitudes conventionnelles, qui se forment par les conventions des propriétaires. Il aurait peut-être dû ajouter : ou par la volonté du testateur, qui peut grever sa propriété d'une servitude au profit d'un héritage voisin.

§ 7. Le même Code Napoléon divise ensuite les servitudes, comme le droit romain, en urbaines et rurales. Ensuite il les subdivise en servitudes continues, telles que les conduites d'eau, les égouts, les vues et autres dont l'usage est ou peut être continuel, sans avoir besoin du fait actuel de l'homme ; et en servitudes discontinues, qui ont besoin du fait actuel de l'homme pour être exercées, tels sont les droits de passage, puisage, pacage et autres semblables.

§ 8. Enfin une autre subdivision, établie par ce même Code, est en servitudes apparentes, lesquelles s'annoncent par des ouvrages extérieurs, comme une porte, une fenêtre, un aqueduc ; et en servitudes non apparentes, qui n'ont pas de signe extérieur de leur existence, comme la prohibition de bâtir sur un fonds ou de ne bâtir qu'à une hauteur déterminée.

§ 9. Le Code Napoléon passe ensuite à la manière dont s'établissent les servitudes et dont elles s'éteignent. Celles qui sont continues et non apparentes et celles qui sont discontinues, apparentes ou non apparentes, ne peuvent s'établir que par titres. Celles qui sont continues et apparentes peuvent en outre s'établir par la possession de trente ans. Les servitudes cessent lorsque les choses se trouvent en tel état qu'on ne peut plus en user. Elles sont éteintes lorsque le fonds à qui elles sont dues et celui qui les doit sont réunis dans la même main. Les servitudes sont pareillement éteintes par le non-usage pendant trente ans.

Observation.

Les rédacteurs du Code Napoléon ont rangé sous le titre de servitudes légales ce qui concerne les murs, haies et fossés mitoyens. Comme cette mitoyenneté est plutôt qu'une servitude une sorte de communauté entre voisins, laquelle engendre, à défaut de conventions, un quasi-contrat entre les voisins, nous en dirons quelques mots dans un autre lieu.

Ces mêmes rédacteurs ont également compris sous le titre des servitudes légales l'obligation imposée à ceux qui veulent établir certaines constructions, comme un puits ou une fosse d'aisances, une cheminée, âtre, forge, four ou fourneau, etc., de faire ces constructions de manière à ne pas nuire au voisin. Cette obligation ne nous semble pas naître d'une servitude, mais des règlements de police, auxquels nous renvoyons.

TITRE VII.

DE L'USUFRUIT.

§ 1. L'usufruit est le droit d'user et de jouir des choses d'autrui, à la charge d'en conserver la substance. C'est un droit *in re*. La chose étant éteinte, le droit est nécessairement éteint.

§ 2. L'usufruit reçoit la séparation de la propriété de plusieurs manières ; par exemple, si quelqu'un a légué l'usufruit à un autre, à la mort du testateur, l'héritier a la nue propriété et le légataire l'usufruit. Si, au contraire, il a légué le fonds en se réservant l'usufruit, le légataire a la nue propriété et l'héritier l'usufruit. Pareillement il peut léguer à l'un la nue propriété et à l'autre l'usufruit. Si, sans testament, quelqu'un voulait constituer un usufruit à un autre, il devrait le faire par des conventions.

§ 3. L'usufruit est constitué non-seulement sur un fonds ou sur une maison, mais sur des animaux et sur toutes autres choses mobilières, hormis les choses fongibles. Car ces choses, ni par le droit naturel ni par le droit civil, ne sont susceptibles d'usufruit. Telles sont : l'huile, le vin, le blé, les vêtements, l'argent monnayé. Ces choses sont consommées par l'usage qu'on en fait. Cependant, pour cause d'utilité, le sénat romain a pensé qu'on pouvait établir un usufruit même sur ces choses, pourvu que l'usufruitier donnât caution à l'héritier. En conséquence, si l'usufruit d'une somme d'argent a été légué, ce legs fait passer la propriété de la somme au légataire, à la charge par lui de donner caution de rendre pareille somme lors de son décès. Les autres choses fongibles peuvent également être constituées en usufruit par le testateur. Par ce legs, la propriété de ces choses passe au légataire. Mais elles sont estimées, et le légataire donne caution de rendre le montant de leur estimation à la fin de l'usufruit. Ainsi le sénat, par cette constitution, n'a pas établi sur ces sortes de choses un usufruit proprement dit; il ne le pouvait pas, mais il a constitué, moyennant caution, un quasi-usufruit.

§ 4. L'usufruit finit par la mort naturelle ou civile de l'usufruitier et par le non-usage, *per modum et tempus*. L'usufruit finit aussi lorsque l'usufruitier cède son droit d'usufruit au nu propriétaire (car s'il le cédait à un étranger, l'usufruit ne serait pas éteint), ou, au contraire, lorsque l'usufruitier acquiert la nue propriété, ce qui s'appelle consolidation. Il est constant aussi que l'usufruit d'un édifice quelconque s'éteint si cet édifice vient à périr par incendie, tremblement de terre ou par son propre vice, et que, dans ce cas, il n'est pas dû même l'usufruit de la place.

§ 5. Lorsque l'usufruit est fini, il retourne à la propriété, et de ce moment le maître de la nue propriété commence à avoir plein pouvoir sur la chose.

§ 6. Les dispositions ci-dessus, qui sont tirées du droit romain, ont été conservées dans la loi française. Cette loi a de plus obligé l'usufruitier à donner caution de jouir en bon père de famille, s'il n'en a été dispensé par l'acte constitutif de l'usufruit.

Cependant, les pères et mères, ayant l'usufruit légal des biens de leurs enfants, conformément à ce qui est dit au titre de la puissance paternelle, ainsi que le vendeur ou le donateur sous réserve d'usufruit, ne sont pas tenus de donner caution.

TITRE VIII.

DE L'USAGE ET DE L'HABITATION.

§ 1. Suivant le droit romain, le simple usage était constitué par les mêmes moyens que l'usufruit, et il finissait de la même manière.

§ 2. L'usage comportait une moins grande étendue que l'usufruit, car celui qui avait l'usage nu d'un fonds était réputé n'avoir droit aux légumes, aux fruits, aux fleurs, au foin, à la paille et au bois que pour son usage journalier, et il ne lui était permis de séjourner sur le fonds qu'autant qu'il n'incommodait pas le propriétaire et ne gênait pas les ouvriers qui s'occupaient des travaux champêtres. Il ne pouvait ni vendre, ni louer, ni céder gratuitement à un autre le droit qu'il avait, tandis que l'usufruitier avait le droit de faire toutes ces choses.

§ 3. Quant à celui qui avait l'usage d'une maison, son droit se bornait à l'habiter lui-même. Il ne pouvait transférer ce droit à un autre. A peine s'il lui était permis d'y recevoir un ami; mais il avait le droit d'y habiter avec sa femme et ses enfants. Si c'était une femme à qui l'usage appartenait, elle avait droit d'habiter la maison avec son mari.

§ 4. Celui auquel appartenait l'usage d'une bête de somme pouvait seulement user lui-même de ses services ; mais il ne lui était pas permis de transférer ce droit à un autre.

§ 5. L'usager d'un troupeau de bœufs ou de moutons dont l'usage lui avait été légué par testament ne pouvait user ni du lait, ni des agneaux, ni de la laine, parce que ces produits étaient compris dans les fruits, mais seulement des fumiers pour engraisser ses terres.

§ 6. Le droit *d'habitation* ne comprenait ni l'usage, ni l'usufruit ; c'était un droit particulier et personnel. Cependant l'empereur Justinien a décidé, conformément à l'avis de *Marcellus,* que celui qui avait le droit d'habitation avait non-seulement le droit d'habiter personnellement, mais encore de louer à d'autres son droit, et ce en considération de l'utilité.

§ 7. La loi française a conservé à peu près les mêmes dispositions ; seulement elle ne permet pas à celui qui a le droit d'habitation de céder ni louer ce droit. Celui qui a le droit d'usage ou d'habitation ne peut en jouir (comme dans le cas de l'usufruit) sans donner préalablement caution, et sans faire des états et inventaires.

§ 8. Que ce court exposé suffise sur les servitudes, sur l'usufruit, l'usage et l'habitation. Nous traiterons en leur lieu des hérédités et des obligations, qui sont aussi des choses incorporelles. Après avoir indiqué sommairement par quels moyens les choses nous sont acquises en vertu du droit naturel ou du droit des gens, nous allons voir maintenant comment elles nous sont acquises par le droit légitime et civil.

TITRE IX.

DES USUCAPIONS ET DES PRESCRIPTIONS DE LONG TEMPS.

Nous allons, selon notre habitude, commencer par exposer le droit romain, et nous examinerons ensuite en quoi il diffère du droit français, ou convient avec lui. Bien que le mot *usucapion* soit banni de notre langue, nous demandons la permission de l'employer, parce qu'il exprime très-énergiquement la prise de possession par l'usage.

§ 1. Chez les Romains, il avait été établi par le droit civil que celui qui de bonne foi avait acquis, soit à titre de vente, de donation ou autre juste titre, une chose de quelqu'un qui n'en était pas propriétaire, mais qu'il en croyait être propriétaire, avait par usucapion véritablement acquis cette chose par une année de possession, et ce en tous lieux si la chose était mobilière, et par deux ans si elle était immobilière, mais seulement sur le sol de l'Italie, afin que le domaine des choses ne demeurât point dans l'incertitude. Les anciens ont pensé que ce délai suffisait aux maîtres pour revendiquer leurs choses. L'empereur Justinien a suivi un meilleur avis, afin que les maîtres ne fussent pas privés trop précipitamment de leurs choses, et il n'a pas limité ce bénéfice au sol de l'Italie seulement, mais il a promulgué sur ce sujet une constitution portant « que l'usucapion aurait » lieu pour les choses mobilières par le laps de » trois ans, et pour les choses immobilières par la » possession de dix ans entre présents et de vingt » ans entre absents, et ce non-seulement dans » l'Italie, mais dans toutes les terres soumises à » son obéissance ».

§ 2. On ne peut acquérir par *usucapion* les choses volées ou ravies par violence, quand même on les aurait possédées de bonne foi et pendant le temps prescrit. C'est la loi des *Douze Tables* et la loi *Atilia* qui ont prohibé l'*usucapion* des choses volées; c'est la loi *Julia* et *Plautia* qui a prohibé l'*usucapion* des choses ravies par violence.

§ 3. Ce qui vient d'être dit à l'égard des choses volées ou ravies, qu'elles ne peuvent être acquises par *usucapion,* ne s'entend pas du voleur ou du ravisseur, car c'est par une autre raison, par la raison de mauvaise foi, qu'ils ne peuvent *usucapere;* mais cela s'entend à l'égard de toute autre personne qui aurait acheté la chose de bonne foi, soit du voleur, soit du ravisseur, ou qui l'aurait eue à tout autre juste titre. De là suit que dans les choses mobilières il n'arrive pas souvent que l'*usucapion* compète au possesseur de bonne foi, car celui qui a vendu à escient la chose d'autrui, ou l'a transmise à tout autre titre, a commis un vol de cette chose.

§ 4. Cependant il en va quelquefois autrement. Par exemple, si l'héritier trouve dans la succession du défunt une chose prêtée, louée ou déposée au défunt, mais qu'il croyait dépendre de la succession, et qu'il l'ait vendue, donnée ou constituée en dot à quelqu'un qui l'aurait reçue de bonne foi, il n'est pas douteux que celui qui l'a reçue ait pu l'acquérir par *usucapion*, parce que cette chose n'a point été infectée du vice de vol, puisque l'héritier qui l'a aliénée comme sienne n'a point commis de vol.

§ 5. Il peut encore arriver d'autres cas où quelqu'un peut vendre sans vice de vol la chose d'autrui, et faire qu'elle soit acquise à l'acheteur par *usucapion*.

§ 6. Quant à ce qui concerne les choses immobilières (les choses de sol), le droit romain se comportait ainsi : Si quelqu'un occupe sans violence un terrain vacant, soit par l'absence ou par la négligence du maître, ou par son décès sans laisser de successeur; bien que ce quelqu'un possède de mauvaise foi, parce qu'il comprend qu'il a occupé le fonds d'autrui; cependant, s'il l'a livré à un autre qui l'a reçu de bonne foi à titre de vente, de donation, de dot ou autre, celui-ci pourra l'acquérir par une longue possession, parce qu'il aura reçu une chose non entachée du vice de vol ou de violence (l'opinion de certains jurisconsultes qui pensaient que les immeubles étaient susceptibles de vol ayant été abandonnée). Les constitutions des empereurs ont pourvu à l'utilité de ceux qui possèdent des immeubles, afin qu'une possession longue et non douteuse ne puisse leur être enlevée.

§ 7. La chose volée qui retourne en la possession du maître peut être acquise par *usucapion*, puisque par ce retour elle a été purgée du vice de vol.

§ 8. Les choses du fisc impérial ne pouvaient être acquises par *usucapion*. Mais Papinien a écrit que tant que les biens vacants n'avaient pas été dénoncés au fisc, l'acheteur de l'une de ces choses, qui l'avait reçue de bonne foi, la pouvait acquérir par *usucapion*. Des rescrits du divin *Pius* et des empereurs *Sévère* et *Antonin* ont confirmé l'opinion de ce célèbre jurisconsulte.

§ 9. En somme, il faut que la chose n'ait aucun vice pour qu'elle puisse être acquise par *usucapion*, et qu'en outre celui qui l'a reçue à titre d'achat ou à tout autre titre soit de bonne foi.

§ 10. L'erreur d'un faux titre ne produit pas l'*usucapion* : par exemple, si quelqu'un possédait croyant avoir acheté ce qu'il n'a pas acheté, ou croyait à lui donné ce qui ne lui a pas été donné.

§ 11. La possession qui a commencé à profiter

au défunt continue de profiter à l'héritier ou au possesseur de bonne foi, quoiqu'il sache que l'héritage appartenait à autrui; que si le défunt n'avait pas eu un juste commencement de possession, cette possession ne profite pas à l'héritier, quand même il ignorerait cette injuste possession. La constitution de l'empereur Justinien a appliqué la même jurisprudence aux *usucapions*. Suivant un rescrit des empereurs Sévère et Antonin, le temps de la possession commencée en la personne du vendeur se continue en la personne de l'acheteur.

§ 12. Un édit de l'empereur *Marcus* avait limité à cinq ans le délai de la prescription pour celui qui avait acheté du fisc une chose appartenant à autrui. Ce délai expiré, l'acheteur pouvait repousser la demande en revendication par une exception ou fin de non-recevoir. La constitution de l'empereur *Zénon* était encore plus favorable à ceux qui avaient reçu du fisc une chose à titre de vente, de donation ou à tout autre titre. Ils entraient de suite en pleine possession et jouissance, sauf à celui qui prétendait avoir un droit de propriété ou d'hypothèque à intenter son action contre le fisc dans le délai de quatre ans seulement. Cette faveur a été étendue par l'empereur Justinien à ceux qui avaient reçu quelque chose de la maison de l'empereur.

§ 13. Voyons maintenant en quels points la loi française diffère du droit romain ou convient avec lui. Distinguons d'abord entre les meubles et les immeubles. A l'égard des meubles, elle pose en principe que la possession vaut titre, à moins que celui qui les revendique ne prouve qu'il les a perdus ou qu'ils lui ont été volés; et dans ce cas la loi ne lui accorde que trois ans pour les revendiquer, à compter de la perte ou du vol. Après le délai de trois ans, le vice est purgé; le possesseur a acquis la propriété par *usucapion*. Dans le cas où la revendication a lieu, le dépossédé a son recours contre celui de qui il tenait la chose.

§ 14. Quant aux immeubles, la loi française a suivi les dispositions du droit romain. En conséquence, celui qui a reçu de bonne foi à titre de vente, de donation, de dot ou à tout autre titre, un immeuble de celui qui n'en était pas propriétaire, en acquiert la propriété par une possession de dix ans entre présents et de vingt ans entre absents. Il suffit que la bonne foi ait existé au moment du contrat. La bonne foi est toujours présumée. C'est à celui qui allègue la mauvaise foi à la prouver.

§ 15. Pour acquérir par prescription, il faut une possession continue et non interrompue, paisible, publique, non équivoque, à titre de propriétaire.

§ 16. Pour compléter la prescription, l'on peut joindre à sa possession celle de son auteur, de quelque manière qu'on lui ait succédé, soit à titre universel ou particulier, soit à titre lucratif ou onéreux.

TITRE X.

DES DONATIONS.

§ 1. En plaçant la donation parmi les moyens d'acquérir la propriété par le droit civil, l'empereur Justinien a gardé l'ordre suivi par le jurisconsulte Caius dans ses Commentaires. Du temps de Caius, cet ordre était bon, puisqu'alors la donation entre-vifs était un véritable mode d'acquérir la propriété, cette donation n'étant valable qu'autant qu'elle était suivie de la tradition immédiate. Mais en vertu des lois postérieures, et notamment de la L. 35, C. *De donat.*, la donation entre-vifs faite sans tradition immédiate a été déclarée valable. Ce que Justinien constate lui-même quand il dit : « Les donations entre-vifs sont parfaites lorsque le » donateur a manifesté sa volonté, soit par écrit, » soit sans écrit; et, à l'exemple de la vente, notre » constitution a voulu qu'elles renfermassent en » elles la nécessité de la tradition, en sorte que, » quand bien même la tradition ne serait pas faite » à l'instant même de la donation, elle aurait sa » pleine et entière force, et que le donateur serait » obligé de faire la tradition. »

§ 2. Toutefois la donation entre-vifs d'objets mobiliers corporels qui s'opère de la main à la

main, lorsque le donateur se dessaisit réellement
de l'objet donné par la tradition qu'il en fait entre
les mains du donataire *animo donandi*, est un
véritable mode d'acquérir la propriété par le droit
civil ; mais lorsqu'il n'y a pas tradition instanta-
née, la donation est un contrat qui ne peut transférer la propriété, et dont nous parlerons en son
lieu.

§ 3. Le droit d'accroissement est aussi un moyen
civil d'acquérir la propriété. Nous en traiterons
sous le titre *Des legs*.

TITRE XI.

DES SUCCESSIONS AB INTESTAT.

§ 1. Jusqu'ici nous avons indiqué sommairement par quels moyens les choses nous sont acquises à titre singulier. Nous allons exposer maintenant comment elles nous sont acquises *per universitatem*. Nous parlerons d'abord des successions, dont il y a deux sortes : celles qui nous échoient en vertu de la loi par degré de parenté, et celles qui nous sont laissées par testament. Examinons d'abord les successions *ab intestat*.

§ 2. On appelle succession *ab intestat* celle qui est recueillie par les héritiers lorsque le défunt n'a pas laissé de testament, et même dans certains cas lorsqu'il a laissé un testament, par exemple si les héritiers sont de ceux auxquels la loi accorde une réserve ou légitime.

§ 3. Remarquons d'abord que la base sur laquelle reposait l'ordre des successions *ab intestat* dans le droit romain a été radicalement changée par Justinien dans sa Novelle 118. En effet, avant la promulgation de cette Novelle, l'ordre des successions *ab intestat* se réglait eu égard à l'état de la famille. Ainsi la succession était déférée en premier lieu aux enfants ou descendants du défunt qui se trouvaient en sa puissance au moment de son décès. On les appelait héritiers *siens*. Les émancipés étaient exclus, parce qu'ils étaient par l'émancipation sortis de la famille. A défaut d'héritiers siens, la succession *ab intestat* était dévolue aux agnats les plus proches en degré et par portions égales (*in capita*). On entendait par agnats ceux qui étaient liés au défunt du côté du père. En conséquence les cognats, c'est-à-dire ceux qui étaient liés au défunt du côté de la mère, étaient exclus de la succession parce qu'ils n'étaient pas de sa famille.

Justinien, par sa Novelle 118, a aboli cet ordre de succession, et il a fondé l'ordre nouveau sur le degré d'amour ou d'affection que le défunt est présumé avoir eu pour ceux auxquels il a voulu que sa succession fût transmise. Avant lui Aristote avait déjà observé que l'amour allait naturellement en descendant, que, quand il ne rencontrait personne en descendant, il allait en remontant, et que s'il ne trouvait personne en descendant ni en remontant, il allait en divergeant de côté. Et l'expérience démontre assez que les êtres qui nous sont les plus chers sont nos enfants et descendants, et après eux nos ascendants, et après nos ascendants nos collatéraux *. Ce principe admis, Justinien a dû néces-

---

* Voir les Récitations d'Heineccius.

sairement établir trois ordres de succession, le premier en faveur des descendants, le second en faveur des ascendants à défaut de descendants, et le troisième en faveur des collatéraux, sans distinction d'agnats et de cognats, à défaut de descendants et d'ascendants.

§ 4. Ce sont ces divers ordres de succession que les lois françaises, et notamment le Code Napoléon, ont adoptés, sauf les légères modifications que nous indiquerons en leur lieu.

TITRE XII.

DE LA SUCCESSION DES DESCENDANTS.

§ 5. La succession *ab intestat* est déférée aux enfants et descendants légitimes du défunt, sans distinction de sexe ni de primogéniture. Ils succèdent par égales portions et par tête quand ils sont tous au premier degré. Ils succèdent par souche lorsqu'ils viennent tous ou en partie par représentation. Dans la figure A, si le père ou la mère a laissé 40,000 francs, par exemple, les quatre enfants par-

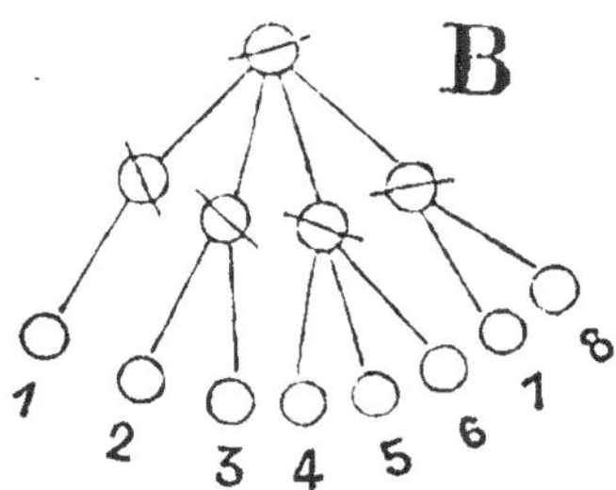

tagent par tête et prennent chacun 10,000 fr. S'il n'existe que des descendants au second degré, comme dans la figure B, ils succèdent par souche,

c'est-à-dire qu'il se fait autant de portions qu'il y a de souches. Ainsi, le premier prend le quart,

10,000 fr.; le deuxième et le troisième prennent ensemble un quart, soit 10,000 fr.; le quatrième, le cinquième et le sixième prennent ensemble un quart, soit 10,000 fr.; et le septième et le huitième ensemble un quart ou 10,000 fr. S'il existe tout à la fois des enfants du défunt et des petits-enfants qui n'aient plus leur père ou mère, les enfants succèdent par tête, les petits-enfants par souche, comme dans la figure C. Le premier prend

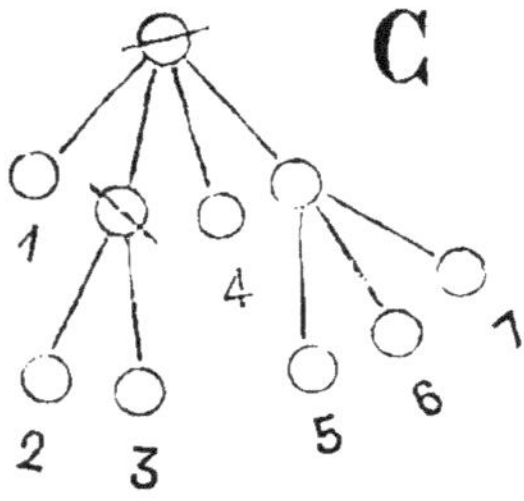

10,000 fr.; le deuxième et le troisième prennent ensemble 10,000 fr.; le quatrième seul 10,000 fr.; et les cinquième, sixième et septième ensemble 10,000 fr.

§ 6. La représentation est une fiction de la loi dont l'effet est de faire entrer les représentants dans la place, dans le degré et dans les droits du représenté. Elle a lieu à l'infini dans la ligne descendante.

TITRE XIII.

DE LA SUCCESSION DES ASCENDANTS.

§ 7. Si le défunt n'a laissé ni enfants, ni descendants, ni frères, ni sœurs, sa succession appartient pour moitié à ses ascendants de la ligne paternelle et pour l'autre moitié à ses ascendants de la ligne maternelle. L'ascendant qui se trouve au degré le plus proche recueille la moitié affectée à sa ligne à l'exclusion de tous autres. Ainsi, dans la figure D, soit la succession de 40,000 fr., la

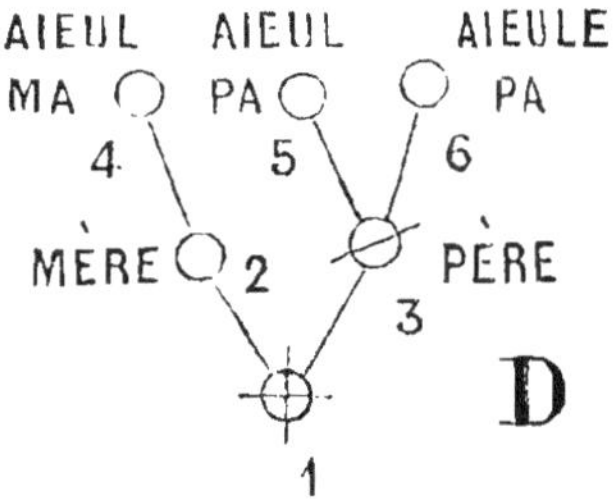

mère 2 en prend à elle seule la moitié, soit 20,000 fr., à l'exclusion de l'aïeul maternel 4. L'autre moitié, soit 20,000 fr., est dévolue conjointement à l'aïeul et à l'aïeule paternels.

§ 8. Dans le même cas, s'il n'existe d'ascendants que dans une ligne, les ascendants héritent pour moitié et les collatéraux de l'autre ligne pour l'autre moitié. Ainsi, dans la figure E, la mère 2

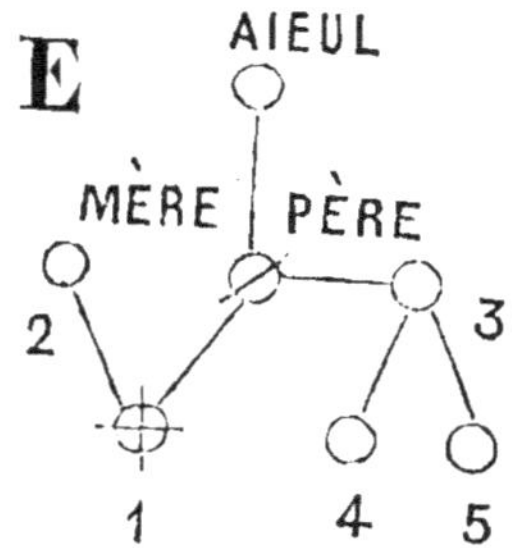

prendra la moitié de la succession, soit 20,000 fr., et l'autre moitié, soit 20,000 fr., sera dévolue au n° 3, oncle, à l'exclusion de 4 et 5, cousins germains.

§ 9. Si le défunt a laissé des frères et sœurs et ses père et mère, sa succession appartient pour moitié à ses frères et sœurs conjointement, et pour l'autre moitié à ses père et mère. Ainsi, dans la figure F, la succession de Jean appartient pour

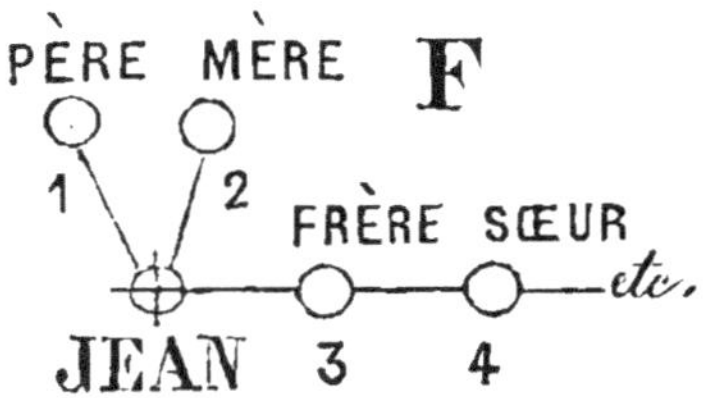

moitié à 1 et 2, ses père et mère, et pour l'autre moitié à 3 et 4, ses frère et sœur, en quelque nombre qu'ils soient.

§ 10. Si le défunt n'a laissé que son père ou sa mère, sa succession appartient pour trois quarts à ses frères et sœurs conjointement et pour un quart à son père ou à sa mère survivant. Dans la figure G,

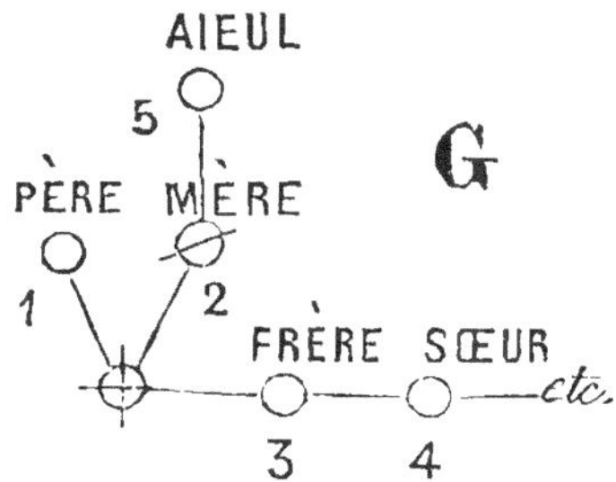

le père survivant 1 prendra le quart de la succession, et les frères et sœurs, 3, 4, en quelque nombre qu'ils soient, prendront conjointement les trois quarts, à l'exclusion de l'aïeul 5. Et ils en prendraient la totalité si, à défaut de son père et de sa mère, le défunt n'avait laissé que son aïeul 5 ou d'autres ascendants. Suivant la Novelle 118, les frères et sœurs du défunt n'excluaient pas les ascendants aux degrés plus élevés que les père et mère, ils partageaient avec eux.

§ 11. Si l'un des frères ou sœurs du défunt était décédé avant lui laissant des enfants, ces enfants viendraient par droit de représentation conjointement à la place de leur père ou mère prédécédé. La représentation aurait également lieu dans le cas où tous les frères et sœurs étant prédécédés auraient laissé des enfants (contraire à la Novelle, qui n'admettait la représentation en ligne collatérale que dans le cas où des neveux et nièces venaient en concurrence avec des frères et sœurs).

TITRE XIV.

DES SUCCESSIONS COLLATÉRALES.

§ 12. Lorsque le défunt n'a laissé ni son père ni sa mère, mais bien des frères et sœurs ou des descendants d'eux, ils sont tous appelés à recueillir la totalité de la succession, à l'exclusion de ses autres ascendants. Ils succèdent ou de leur chef ou par représentation. Dans la figure H, la succession

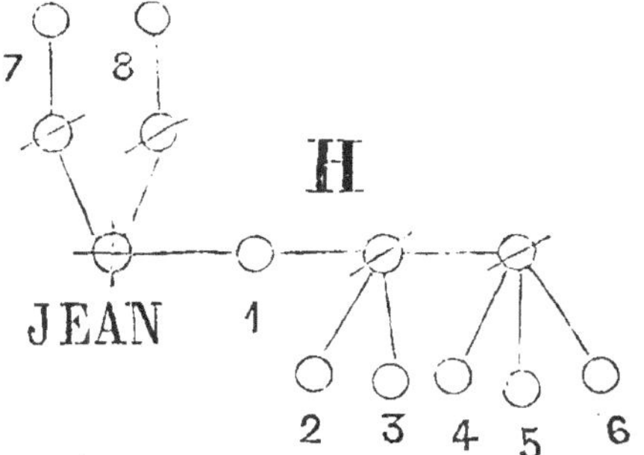

de Jean est dévolue en entier à son frère ou sœur 1 et à ses neveux et nièces 2, 3, 4, 5, 6, à l'exclusion de ses aïeux 7 et 8 (contrairement à la Novelle 118, qui les admettait au partage), et la succession se divise en trois parties égales dont l'une appartient au n° 1, une autre aux n°ˢ 2 et 3 conjointement, et la troisième aux n°ˢ 4, 5 et 6 conjointement. Étant observé que, si le n° 1 était prédécédé laissant des enfants, ces enfants prendraient conjointement le tiers en son lieu et place.

§ 13. Si les frères et sœurs laissés par le défunt sont de lits différents, la division de la succession se fait par moitié entre les deux lignes paternelle et maternelle du défunt. Les germains prennent dans les deux lignes ; les utérins et les consanguins chacun dans leur ligne seulement.

Dans la figure J, le n° 1 prend dans la succession

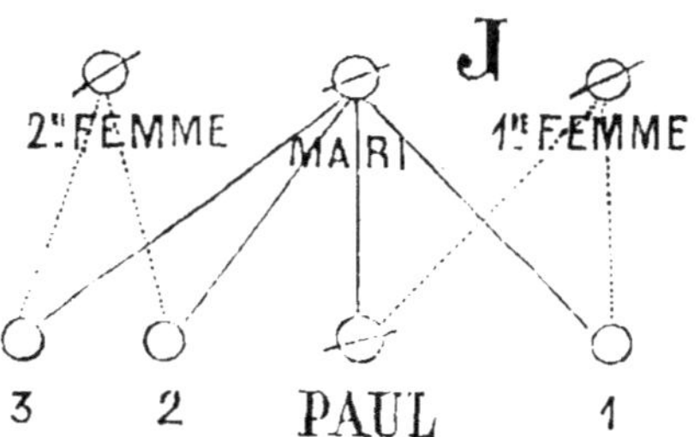

de Paul : 1° la moitié afférente à la ligne paternelle, soit. . . . . $\dfrac{3}{6}$

2° Un tiers dans l'autre moitié afférente à la ligne maternelle, soit. . . . . $\dfrac{1}{6}$ $\left. \right\} \dfrac{4}{6}$

Les nᵒˢ 2 et 3, frères consanguins, prennent chacun un tiers dans cette seconde moitié, ensemble. . . . . $\dfrac{2}{6}$

Total. . . . . $= \dfrac{6}{6}$

Même calcul si au lieu de consanguins il y avait des frères ou sœurs utérins.

§ 14. S'il n'y a de frères ou sœurs que d'un côté, ils succèdent à la totalité, à l'exclusion de tous autres parents de l'autre ligne.

§ 15. A défaut de frères ou sœurs et de descendants d'eux, et à défaut d'ascendants dans l'une ou l'autre ligne, la succession est déférée pour moitié aux ascendants survivants, et pour l'autre moitié aux parents les plus proches de l'autre ligne. S'il y a concours de parents collatéraux au même degré, ils partagent par tête. Si c'est le père ou la mère du défunt qui survit, il a le droit à l'usufruit du tiers des biens auxquels il ne succède pas en propriété.

TITRE XV.

DE LA COMPUTATION DES DEGRÉS.

§ 16. En ligne directe, on compte autant de degrés qu'il y a de générations. Ainsi le fils est à l'égard du père au premier degré, le petit-fils au second, et réciproquement du père et de l'aïeul à l'égard du fils et du petit-fils. En ligne collatérale, les degrés se comptent par les générations depuis

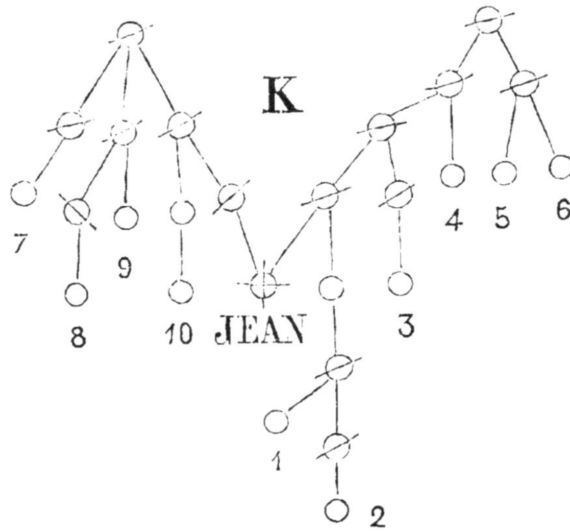

l'un des parents jusques et non compris l'auteur commun, et depuis celui-ci jusqu'à l'autre parent.

Ainsi, le frère est à l'égard de son frère au second degré, l'oncle à l'égard de son neveu au troisième, les cousins germains au quatrième, et ainsi de suite. Ainsi, dans la figure K, les seuls admis à la succession de Jean seraient les n⁰ˢ 1, 3, 4 et 10, qui sont tous au quatrième degré. Les n⁰ˢ 2, 7, 9 sont au cinquième degré, et les n⁰ˢ 5, 6, 8 au sixième degré.

§ 17. Les parents au delà du douzième degré ne sont pas habiles à succéder. En conséquence, lorsque dans l'une des deux lignes paternelle et maternelle les héritiers font défaut jusques et compris le douzième degré, la moitié de la succession qui était affectée à leur ligne est recueillie par les parents de l'autre ligne.

TITRE XVI.

DE LA SAISINE DES HÉRITIERS.

Les héritiers légitimes succèdent non-seulement aux biens, mais à la personne du défunt, *hœres sustinet personam defuncti.*

§ 18. Suivant le droit romain, la succession déférée à l'héritier ne lui était pas acquise jusqu'à ce qu'il l'eût acceptée, à moins qu'il ne fût de ces héritiers qu'on appelait *nécessaires.* Au contraire, suivant notre droit français, une succession est acquise à l'héritier que la loi y appelle dès l'instant même de la mort du défunt et avant même qu'il en ait connaissance, suivant la maxime si énergique de notre vieux droit : *le mort saisit le vif,* maxime conservée implicitement par notre droit nouveau.

§ 19. Cette saisine fait passer tous les droits et obligations du défunt, dès l'instant de sa mort, de sa personne en celle de son héritier, qui devient en conséquence dès cet instant propriétaire de toutes les choses dont le défunt était propriétaire, créancier de tous les droits dont il était créancier, débiteur de tout ce dont il était débiteur.

§ 20. De plus (ce qui est contraire aux principes du droit romain), la possession qu'avait le défunt des choses de la succession, quoique la possession soit une chose de fait, est par cette règle réputée passer à l'héritier sans aucune appréhension de fait de sa part.

§ 21. De ce que l'héritier en vertu de la saisine passe dans tous les droits actifs et passifs du défunt, il suit que la succession peut être onéreuse pour lui si les charges sont plus considérables que les biens. Pour se soustraire à ce danger, l'héritier n'avait d'autre moyen que de renoncer à la succession en vertu de cette autre règle : *n'est héritier qui ne veut.* D'où il arrivait souvent que les successions étaient abandonnées par les héritiers, dans l'incertitude où ils étaient des charges de la succession, *ob latitans æs alienum.* Pour obvier à cet inconvénient, l'empereur Justinien a établi le bénéfice d'inventaire, qui a été admis dans notre droit.

TITRE XVII.

DU BÉNÉFICE D'INVENTAIRE.

§ 22. L'héritier qui veut accepter sous ce bénéfice doit en faire la déclaration au greffe du tribunal civil du lieu de l'ouverture de la succession. Cette déclaration n'a d'effet qu'autant qu'elle a été précédée ou suivie d'un inventaire fidèle et exact des biens, effets, titres et créances de la succession, comme aussi des charges dont elle peut être grevée.

§ 23. L'héritier bénéficiaire est saisi, comme l'héritier pur et simple, de tous les biens et droits de la succession; mais il n'en peut disposer qu'après avoir rendu compte aux créanciers du défunt de l'actif et du passif de la succession, et avoir acquitté toutes les dettes s'il y a de quoi, sinon jusqu'à concurrence de l'actif. En attendant, il n'a que le droit d'administrer les biens et affaires de la succession. Si, par le résultat du compte, l'actif surpasse les dettes, il peut disposer de tout l'excédant de la même manière que l'héritier pur et simple.

§ 24. L'héritier bénéficiaire, tant qu'il n'a pas rendu compte, ne peut vendre les biens de la succession qu'en suivant les formes judiciaires, à peine d'être réputé héritier pur et simple..

§ 25. L'héritier qui a accepté la succession sous bénéfice d'inventaire jouit du droit d'être payé, comme les autres créanciers, sur les biens de la succession des créances qu'il pouvait avoir contre le défunt.

§ 26. Il reste à observer que celui qui a pris la qualité d'héritier *animo aut facto* ne peut plus être admis à l'acceptation sous bénéfice d'inventaire, par exemple si quelqu'un avait passé un acte comme *héritier d'un tel,* ou s'il avait vendu quelque objet de la succession sans observer les formes prescrites, ou s'il recevait une somme due au défunt.

TITRE XVIII.

DE LA RENONCIATION A SUCCESSION.

§ 27. L'héritier peut bien acquérir la succession *ignorans*, c'est-à-dire à son insu ; mais il ne peut l'acquérir *invitus*, c'est-à-dire malgré lui, suivant la maxime déjà citée : *n'est héritier qui ne veut.* La saisine de l'héritier est donc en suspens jusqu'à ce que l'héritier se soit décidé sur le parti de l'acceptation ou de la répudiation. S'il l'accepte, la saisine a son effet dès l'instant de la mort du défunt. S'il la répudie, il est réputé n'avoir jamais été héritier.

§ 28. La renonciation à une succession se fait au greffe du tribunal civil dans le ressort duquel s'ouvre la succession. Celui qui a renoncé étant réputé n'avoir jamais été héritier, sa part accroît à ses cohéritiers, et s'ils renoncent aussi, la succession est déférée aux héritiers du degré subséquent, lesquels sont réputés saisis de la succession immédiatement à compter du jour de son ouverture.

TITRE XIX.

DE L'ADOPTION.

§ 1. L'empereur Justinien a placé l'adoption à la suite du titre *De nuptiis,* attendu que dans le droit romain l'adoption était un moyen d'acquérir la puissance paternelle. Mais, comme dans le droit français l'adoption ne confère pas cette puissance, puisque l'adopté reste dans sa famille naturelle, nous avons cru devoir l'inscrire à la suite du titre des successions, car l'adopté a sur la succession de l'adoptant les mêmes droits que ceux qu'y aurait l'enfant né en mariage légitime.

§ 2. Or, dans le droit français, l'adoption est un contrat entre l'adoptant et celui qui consent à être adopté. Toutefois ce contrat est subordonné à l'homologation du tribunal civil du domicile de l'adoptant. Ce tribunal, réuni dans la chambre du conseil, vérifie si toutes les conditions de la loi sont remplies et si la personne qui se propose d'adopter jouit d'une bonne réputation. Ce même tribunal prononce, sans énoncer de motifs, s'il y a lieu ou s'il n'y a pas lieu à l'adoption. Son jugement est ensuite soumis à la cour impériale, qui, après avoir instruit dans les mêmes formes que le tribunal de première instance, prononce, sans énoncer de motifs, que le jugement est confirmé ou réformé ; qu'en conséquence il y a lieu ou il n'y a pas lieu à l'adoption.

§ 3. Si l'adoption est confirmée, elle est inscrite sur le registre de l'état civil du lieu où l'adoptant a son domicile.

§ 4. Les conditions de l'adoption sont celles-ci : l'adoptant doit être âgé de plus de cinquante ans, n'avoir ni enfants ni descendants légitimes, avoir au moins quinze ans de plus que l'adopté. En outre, la faculté d'adopter ne peut être exercée qu'envers l'individu à qui l'on aura dans sa minorité, et pendant six ans au moins, fourni des secours et donné des soins non interrompus, ou envers celui qui aurait sauvé la vie à l'adoptant dans un combat, ou dans un naufrage ou un incendie.

§ 5. L'adoption ne peut avoir lieu avant la majorité de l'adopté, sauf ce qui sera dit ci-après.

§ 6. L'adoption confère le nom de l'adoptant à l'adopté en l'ajoutant au nom propre de ce dernier.

§ 7. Comme l'adoption est une imitation de la nature, le mariage est prohibé entre l'adoptant et l'adopté ou ses descendants ; entre les enfants adoptifs du même individu ; entre l'adopté et les enfants qui pourraient survenir à l'adoptant ; entre l'adopté et le conjoint de l'adoptant, et réciproquement entre l'adoptant et le conjoint de l'adopté.

§ 8. Nul ne peut être adopté par plusieurs, si ce n'est par deux époux.

§ 9. L'adoption peut avoir lieu aussi en vertu de testament par le tuteur officieux. On appelle ainsi celui qui, durant la minorité d'un enfant, désirant se l'attacher par un titre légal, s'est fait nommer son tuteur en obtenant le consentement des père et mère, ou d'un conseil de famille, ou des administrateurs de l'hospice où l'enfant a été recueilli. Si le tuteur officieux, après cinq ans révolus depuis la tutelle et dans la prévoyance de son décès avant la majorité du pupille, lui confère l'adoption par testament, cette adoption est valable, pourvu que le tuteur officieux ne laisse point d'enfants.

§ 10. Pour être nommé tuteur officieux, il faut avoir plus de cinquante ans, être sans enfants ni descendants légitimes, et il faut en outre que le pupille ait moins de quinze ans.

TITRE XX.

DES SUCCESSIONS IRRÉGULIÈRES.

§ 1. Les enfants naturels, c'est-à-dire nés hors mariage (autres toutefois que les adultérins ou les incestueux), succèdent aussi, mais seulement aux biens et non pas à la personne de leurs père ou mère décédés, lorsqu'ils ont été légalement reconnus. En conséquence, ils n'ont point la saisine comme les héritiers légitimes, mais ils sont tenus de leur demander la délivrance, ou à défaut de cette délivrance, l'envoi en possession par justice.

§ 2. Or, les enfants naturels légalement reconnus ont droit dans les biens de la succession de leurs père ou mère dans les proportions ci-après :

§ 3. S'il existe des enfants légitimes, les enfants naturels ont droit au tiers de ce qu'ils auraient eu s'ils eussent été légitimes. Par exemple, s'il existe un enfant légitime et deux enfants naturels, ceux-ci, s'ils eussent été légitimes, auraient eu chacun un tiers ; mais étant naturels, ils n'ont droit qu'à un neuvième chacun, ensemble à deux neuvièmes, et l'enfant légitime à sept neuvièmes. Notez que la reconnaissance qui serait faite pendant le mariage, des enfants naturels nés auparavant ne pourrait nuire aux enfants légitimes.

§ 4. S'il n'existe ni enfants ni descendants légitimes, mais bien des ascendants ou des frères et sœurs du défunt ou de la défunte, la quote-part des enfants naturels est de la moitié de la succession. Elle est des trois quarts lorsque les père ou mère ne laissent ni descendants, ni ascendants, ni frères, ni sœurs.

§ 5. L'enfant naturel a droit à la totalité des biens lorsque ses père ou mère ne laissent pas de parents au degré successible. Dans ce cas, outre l'obligation qui leur est imposée de demander en justice l'envoi en possession, ils sont tenus de faire apposer les scellés, de faire inventaire, de faire emploi du mobilier, et de donner caution suffisante pour assurer la restitution s'il se présentait des héritiers légitimes dans le délai de *trois ans*. Passé ce délai, la caution est déchargée.

§ 6. Il faut savoir que les enfants naturels (autres que les incestueux ou les adultérins) peuvent être légitimés par le mariage subséquent de leurs père et mère, lorsque ceux-ci les ont légalement reconnus avant le mariage, ou qu'ils les reconnaissent dans l'acte même de célébration. Les enfants ainsi légitimés acquièrent les mêmes droits que s'ils étaient nés dans le mariage.

§ 7. Les enfants incestueux ou adultérins n'ont droit qu'à des aliments.

TITRE XXI.

DES SUCCESSIONS VACANTES.

§ 1. Lorsque le défunt n'a laissé ni parents au degré successible ni enfants naturels, sa succession est réputée vacante. Elle appartient à son conjoint survivant, et à défaut de conjoint survivant, à l'État. Ces deux espèces de successions nous viennent du droit romain. La première y avait été introduite par l'édit du préteur *Unde vir et uxor,* et la seconde par les lois *De jure fisci* au *Digeste* et au *Code.*

§ 2. Le conjoint survivant ou l'administration des domaines qui prétendent droit à la succession sont tenus de faire apposer les scellés et de faire inventaire. Ils doivent demander l'envoi en possession au tribunal de première instance dans le ressort duquel la succession est ouverte.

§ 3. L'époux survivant est encore tenu de faire emploi du mobilier ou de donner caution suffisante pour en assurer la restitution au cas où il se présenterait des héritiers du défunt dans l'intervalle de trois ans. Après ce délai la caution est déchargée.

§ 4. A défaut de conjoint survivant, il est nommé par le tribunal de première instance, sur la demande des intéressés ou du procureur impérial, un curateur à la succession vacante, lequel, après avoir fait constater les biens par un inventaire, est chargé de les administrer, sous la charge de faire verser le numéraire qui se trouve dans la succession, ainsi que les deniers provenant du prix des meubles ou immeubles vendus, dans la caisse du receveur général pour la conservation des droits et à la charge de rendre compte à qui il appartiendra.

§ 5. D'après ce qui vient d'être dit, il est facile de comprendre que l'époux survivant et le fisc succèdent seulement aux biens et non à la personne du défunt. C'est pourquoi ils ne sont tenus des dettes et charges que jusqu'à concurrence des biens de la succession, et non *ultrà vires*, comme l'héritier pur et simple. Ils doivent en être déchargés en abandonnant les biens aux créanciers.

La même règle doit être observée à l'égard des enfants naturels.

TITRE XXII.

DES SUCCESSIONS TESTAMENTAIRES OU INSTITUTIONS D'HÉRITIERS.

§ 1. Nous acquérons la propriété *per universitatem* non-seulement par la succession *ab intestat,* mais aussi par la succession testamentaire.

§ 2. Les jurisconsultes romains ont défini le testament : *voluntatis nostræ justa sententia de eo quod quis post mortem fieri velit.* En instituant un héritier, le testateur changeait l'ordre établi par la loi sur les successions. Et comme il ne pouvait être dérogé à une loi que par une loi nouvelle, il fallait que le pouvoir législatif intervînt. C'est en effet ce qui avait lieu dans l'ancien droit romain. Les comices étaient assemblés et une loi était rendue par laquelle celui qui était désigné par le testateur était institué son héritier comme s'il eût été son fils ou son plus proche parent. L'on comprit bientôt toutes les lenteurs et les embarras que ces formalités entraînaient, et on les abandonna pour les remplacer par une autre forme. C'était une vente imaginaire ou symbolique que le testateur faisait de sa succession à celui qu'il voulait instituer son héritier. On appelait cela un testament *per æs et libram.* En effet, il y avait un porteur de balance (*libripens*), l'acheteur de la succession qui représentait l'héritier institué et qui jetait une pièce de monnaie dans l'un des bassins de la balance, le vendeur de la succession et cinq témoins pubères et citoyens romains. L'acheteur disait : *Cette famille m'appartient parce que je l'ai achetée avec cette pièce de monnaie*. Et le testateur, en élevant en l'air ses tablettes contenant ses dernières volontés, prononçait ces paroles solennelles : *Hæc uti in his tabulis cereis scripta sunt, ità do, ità lego, ità testor; itaque, vos quirites, testimonium præbitote*. Les anciens jurisconsultes avaient choisi cette forme de vente imaginaire parce que c'était celle usitée pour la vente des choses les plus précieuses.

§ 3. Cette seconde forme de testament dura très-longtemps. Mais elle tomba en partie en désuétude et fut remplacée par une forme plus simple tirée du droit civil, du droit prétorien et des constitutions des empereurs. Il suffisait pour la validité du testament qu'il fût fait en présence de sept témoins, que ces témoins fussent présents tous ensemble et apposassent au testament leurs signatures et leurs cachets, et qu'enfin, pour éviter toute fraude, le testateur et les témoins écrivissent le nom de l'héritier sur le testament ou sur son enveloppe.

§ 4. La loi française a encore simplifié cette forme. Elle reconnaît en général trois sortes de testaments, le public, le mystique et l'olographe, dont les formes sont exposées en détail dans la loi. Il existe en outre une forme particulière pour les testaments faits en temps de peste ou autres maladies, pour ceux faits par des militaires ou des gens de la marine, enfin pour ceux faits en pays étrangers. Nous renvoyons à ladite loi pour les détails.

§ 5. Lorsqu'il n'existe pas d'héritiers à réserve, c'est-à-dire de descendants ni d'ascendants, l'héritier testamentaire est saisi de même que l'héritier *ab intestat* de l'hérédité laissée par le défunt, mais seulement lorsque le testament a été fait par acte public. Si le testament est dans la forme olographe ou mystique, l'héritier testamentaire est tenu de se faire envoyer en possession par justice, à moins que les héritiers appelés par la loi ne consentent volontairement la délivrance.

§ 6. Lorsqu'il existe des héritiers à réserve, l'héritier testamentaire est tenu de leur demander la délivrance, quelle que soit la forme du testament.

TITRE XXIII.

DE LA RÉSERVE DES HÉRITIERS LÉGITIMES.

§ 1. Lorsque le testateur a laissé des enfants ou descendants et que par son testament il a disposé, à titre universel ou par des legs particuliers, de la totalité ou de la plus grande partie de sa succession au profit soit de parents plus éloignés, soit d'étrangers, soit même de quelqu'un de ses enfants ou descendants, la loi accorde aux enfants ou descendants non compris dans l'institution une réserve ou légitime qui est réglée selon le nombre des enfants dans les proportions ci-après.

§ 2. Si le testateur à son décès n'a laissé qu'un seul enfant, la réserve ou légitime de cet enfant est de la moitié de la succession; s'il a laissé deux enfants, la légitime est des deux tiers; s'il a laissé trois enfants ou un plus grand nombre, elle est des trois quarts. Sont compris sous le nom d'enfants les descendants en quelque degré que ce soit. Néanmoins ils ne sont comptés que pour l'enfant qu'ils représentent dans la succession du testateur.

§ 3. Si à défaut d'enfants le défunt a laissé un ou plusieurs ascendants dans chacune des deux lignes paternelle et maternelle, la loi leur accorde une réserve ou légitime de la moitié de la succession, ou du quart s'il ne laisse d'ascendants que dans une ligne.

§ 4. Les biens ainsi réservés au profit des ascendants sont par eux recueillis dans l'ordre où la loi les appelle à succéder. Par exemple, si le testateur a laissé son père et sa mère et des frères et sœurs, et qu'il ait disposé de la moitié de sa succession au profit d'étrangers, les père et mère, ayant la qualité d'héritiers du défunt concurremment avec les frères et sœurs, auront seuls droit à la réserve de moitié; les frères et sœurs n'auront rien à prétendre dans la succession. Si au contraire le défunt n'a laissé ni son père ni sa mère, mais un aïeul et des frères et sœurs, cet aïeul n'aura aucun droit à la réserve, parce qu'il n'est point appelé par la loi à hériter de son petit-enfant, attendu l'existence des frères et sœurs.

§ 5. Les père et mère auront seuls droit à cette réserve ou légitime, dans le cas où un partage avec des collatéraux ne leur donnerait pas la quotité de biens à laquelle elle est fixée. Par exemple, si le testateur avait disposé du tiers de sa succession, il resterait deux tiers, soit quatre sixièmes à partager par égales portions entre les père et mère d'une part et les frères et sœurs d'autre part; et attendu que les père et mère n'obtiendraient par ce partage que les deux sixièmes de la succession, ils ont droit de prendre sur la part des frères et sœurs un sixième afin de compléter leur légitime. Les héritiers ayant droit à la réserve légale ont une action en retranchement contre les légataires pour les faire contribuer chacun au pro-rata de son legs au complément de la réserve.

TITRE XXIV.

DE CEUX AUXQUELS IL N'EST PAS PERMIS DE DISPOSER
OU DE RECEVOIR PAR TESTAMENT.

§ 1. Il n'est pas permis à celui qui n'est pas sain d'esprit de faire un testament.

§ 2. Le mineur âgé de moins de seize ans ne peut pas non plus valablement disposer par testament, si ce n'est par contrat de mariage, en faveur de son conjoint. Parvenu à l'âge de seize ans, il peut disposer seulement jusqu'à concurrence de la moitié des biens dont la loi permet la disposition au majeur. Il ne peut aucunement disposer au profit de son tuteur.

§ 3. Le mineur devenu majeur ne peut disposer au profit de celui qui a été son tuteur qu'après la reddition et apurement du compte définitif de la tutelle.

§ 4. N'est pas capable de recevoir par testament l'enfant qui n'était pas conçu à l'époque du décès du testateur, ou qui, étant déjà conçu, n'est pas né viable.

§ 5. Les docteurs en médecine ou en chirurgie, les officiers de santé et les pharmaciens qui ont traité une personne pendant la maladie dont elle est morte ne pourront profiter des dispositions testamentaires qu'elle aurait faites en leur faveur pendant le cours de cette maladie, si ce n'est des dispositions rémunératoires faites à titre particulier, eu égard aux facultés du testateur et aux services rendus; mais ils peuvent, dans le cas de parenté jusqu'au quatrième degré inclusivement, recevoir un legs universel si le décédé n'a pas d'héritiers en ligne directe, à moins que le légataire ne soit lui-même au nombre de ces héritiers.

§ 6. Les mêmes règles doivent être observées à l'égard des ministres du culte.

§ 7. Les hospices, les pauvres d'une commune, les établissements d'utilité publique, ne peuvent profiter des legs faits en leur faveur qu'après avoir été autorisés à cet effet par décret de l'Empereur.

§ 8. En somme, tous ceux qui ne jouissent pas des droits civils en France sont incapables de transmettre ou de recevoir par testament. Néanmoins l'étranger pourrait recevoir d'un Français, dans le cas où il serait permis à cet étranger de tester en faveur d'un Français.

TITRE XXV.

DES SUBSTITUTIONS.

§ 1. La substitution n'est autre chose qu'une institution secondaire. Il y a deux sortes de substitutions, la vulgaire qui a lieu lorsque le testateur a institué un premier héritier, puis un second, pour le cas où le premier viendrait à décéder avant le testateur, ou se trouverait par toute autre cause incapable de recueillir la succession du testateur.

§ 2. La seconde espèce de substitution est une institution à la charge de rendre. Elle a lieu lorsque le testateur institue pour son héritier ou son héritière son fils ou sa fille, avec la charge de rendre en mourant les biens substitués à tous les enfants nés et à naître de l'institué ou de l'instituée au premier degré seulement.

§ 3. Elle a lieu encore lorsque le testateur, à défaut d'enfants, institue pour son héritier ou son héritière son frère ou sa sœur, avec la charge de rendre en mourant les biens substitués à tous les enfants de l'institué ou de l'instituée nés et à naître au premier degré seulement.

§ 4. Si le fils ou la fille, le frère ou la sœur grevés de restitution laissent des enfants au premier degré et des descendants d'un enfant prédécédé, ces derniers recueillent par représentation la portion de l'enfant prédécédé.

§ 5. Remarquez que cette substitution ne peut comprendre au delà de la portion disponible des biens du testateur. Par exemple, lorsque la substitution est au profit des petits-enfants du testateur, elle ne pourra comprendre plus que la demie des biens de la succession si le testateur n'a laissé qu'un enfant, plus que le tiers s'il en a laissé deux, et plus que le quart s'il en a laissé trois ou un plus grand nombre.

§ 6. Pareillement, lorsque la substitution est au profit des neveux et nièces du testateur, elle ne pourra embrasser plus que la moitié des biens de la succession s'il laisse son père et sa mère, et plus que les trois quarts s'il laisse son père ou sa mère.

§ 7. Dans cette espèce de substitution, la propriété des biens substitués est acquise aux héritiers substitués, sous la condition suspensive qu'ils survivront à l'héritier ou à l'héritière institués. Toutefois les substitués tiennent la propriété des biens substitués directement du testateur lorsque la condition est arrivée, bien qu'elle n'ait son effet que du jour de l'événement de la condition.

§ 8. Réciproquement, le grevé de substitution acquiert par le testament la propriété des biens substitués, sous la condition résolutoire que les substitués décéderont tous avant lui. Ce cas arrivant, la substitution se trouve annulée, et l'institution devient pure et simple.

§ 9. Pour assurer l'exécution des substitutions, la loi a prescrit diverses mesures, entre autres la nomination d'un tuteur, l'inventaire des biens compris dans la substitution, et la publicité de la disposition testamentaire par l'inscription qui doit en être faite sur les registres des bureaux d'hypothèque de la situation des immeubles dépendant de la succession. (Voir le Code Napoléon.)

TITRE XXVI.

DE L'INSTITUTION CONTRACTUELLE.

§ 1. « La faveur des contrats de mariage est si
« grande en France, dit le savant jurisconsulte
« Pothier, que la jurisprudence y a fait admettre
« les institutions d'héritiers au profit de quelqu'une
« des parties contractantes, ou des enfants à naître
« du mariage, même dans les coutumes qui avaient
« rejeté expressément l'institution d'héritier. »

§ 2. Le même jurisconsulte définit cette sorte
d'institution : la donation que quelqu'un fait de sa
succession en tout ou en partie par contrat de mariage à l'une des parties contractantes, ou aux
enfants qui naîtront du futur mariage.

§ 3. Le Code Napoléon a conservé cette espèce
d'institution ; et attendu qu'elle fait partie des
clauses et conditions du contrat de mariage, elle
est irrévocable, et en cela elle diffère de l'institution testamentaire, qui, étant une ordonnance de
dernière volonté, est révocable jusqu'à la mort du
testateur.

§ 4. L'institution contractuelle est irrévocable,
en ce sens seulement que l'instituant ne pourra
plus disposer à titre gratuit, si ce n'est pour sommes
modiques, à titre de récompense ou autrement ;

mais il pourra vendre et aliéner ses biens et les hypothéquer.

§ 5. L'institution contractuelle, de même que toutes les autres clauses insérées au contrat de mariage, est réputée faite sous la condition tacite que le mariage s'ensuivra. Elle devient caduque si l'institué et ses enfants meurent avant l'instituant.

TITRE XXVII.

DES LEGS PARTICULIERS.

§ 1. Nous allons maintenant traiter des legs particuliers. Cette partie du droit semble en dehors de la matière que nous nous sommes proposée, car nous parlons des figures du droit par lesquelles le domaine des choses nous est acquis *per universitatem*. Mais, après avoir parlé des testaments et des héritiers testamentaires, la matière des legs particuliers pourra trouver ici sa place avec raison.

§ 2. Le legs particulier est une sorte de donation laissée par le défunt, laquelle doit être exécutée par son héritier.

§ 3. Dans le droit romain, de même que le domaine de l'hérédité n'était transféré à l'héritier que par la formalité de *l'adition*, c'est-à-dire de la prise de possession; de même le domaine ou la propriété du legs particulier n'était transféré au légataire que par la délivrance ou tradition que lui en faisait l'héritier. Au contraire, dans le droit français, l'héritier acquiert *ipso jure* par le fait du décès de son auteur le domaine et même la saisine de l'hérédité, comme nous l'avons vu plus haut. Pareillement le légataire à titre particulier acquiert le domaine de la chose léguée, mais il

6

est tenu d'en demander la délivrance ou saisine à l'héritier.

§ 4. Toutefois la propriété de la chose léguée n'est transférée au légataire par le décès du testateur qu'autant que cette chose consiste en un corps certain et déterminé, comme lorsque le testateur a légué sa maison, son cheval, son fusil de chasse, etc. De là naît l'action en revendication contre les tiers détenteurs; mais avant d'intenter cette action, le légataire doit se faire saisir de son legs par l'héritier.

§ 5. Lorsque le legs consiste en une chose indéterminée, comme une somme d'argent, une quantité de blé ou de vin, un cheval, un fusil (sans exprimer lequel), alors le légataire particulier n'acquiert par le décès du testateur qu'un simple droit de créance contre l'héritier pour qu'il lui délivre la somme ou la quantité indiquée, ou un cheval, un fusil ou autre objet indéterminé; il n'a contre l'héritier que le droit *ad rem*, qu'une action personnelle *ex testamento*.

§ 6. Si, avant le testament ou depuis, la chose léguée a été hypothéquée pour la dette du testateur ou même pour la dette d'un autre, ou si elle est grevée d'un usufruit, l'héritier n'est pas tenu de la dégager, à moins qu'il n'ait été chargé de le faire par une disposition expresse du testateur.

§ 7. Le legs de la chose d'autrui est nul, soit

que le testateur ait connu ou non qu'elle ne lui appartenait pas ; innovation au droit romain, qui décidait que le legs de la chose d'autrui était valable lorsque le testateur avait su qu'elle appartenait à autrui. Dans ce cas, l'héritier était tenu de racheter la chose du propriétaire, et, à défaut de la pouvoir acheter, d'en payer l'estimation.

§ 8. Les choses incorporelles peuvent aussi bien être léguées que les choses corporelles. C'est pourquoi ce qui est dû au défunt peut être légué à quelqu'un, de manière que l'héritier cède ses actions au légataire pour se faire payer, à moins que le testateur de son vivant n'ait exigé l'argent, car dans ce cas le legs est éteint.

§ 9. Si la même chose a été léguée à deux, soit conjointement, soit séparément, et si les deux sont habiles à recueillir le legs, il se partage entre eux ; mais si l'un vient à manquer, ou parce qu'il aura répudié le legs, ou parce qu'il sera mort du vivant du testateur, ou pour toute autre cause, le legs appartiendra pour la totalité à son colégataire par droit d'accroissement. Le legs est fait conjointement, par exemple, lorsque le testateur dit : « Je lègue ma montre à Pierre et à Paul. » Il est fait séparément lorsqu'il dit : « Je lègue ma montre à Pierre, je lègue ma montre à Paul. »

§ 10. Ce droit d'accroissement est une manière d'acquérir la propriété.

§ 11. Si la chose léguée est susceptible de division, comme une somme d'argent ou une certaine quantité de blé, de vin, d'huile, etc., et que le testateur ait assigné les parts de chacun des légataires, le legs ne sera pas réputé fait conjointement; et si l'un des légataires vient à décéder avant le testateur, sa part dans la chose léguée n'accroît pas à ses colégataires, et restera dans la masse de la succession.

§ 12. Le legs devient caduc si la chose léguée a totalement péri du vivant du testateur; il en est de même si elle a péri depuis sa mort sans le fait ou la faute de l'héritier. Il devient caduc aussi lorsque le légataire a répudié le legs, ou quand il se trouve incapable de le recueillir.

§ 13. Si le testateur s'est trompé sur le nom, le prénom ou le surnom du légataire, et si d'ailleurs il n'existe pas de doute sur la personne de ce légataire, le legs n'est pas moins valable. Même décision à l'égard de l'héritier institué. Et cela est raisonnable, car les noms sont inventés pour indiquer les personnes; peu importe donc qu'elles soient indiquées par un autre moyen.

§ 14. Un legs fait sous une fausse démonstration n'est pas nul. Par exemple, si le testateur avait dit : « Je lègue à Pierre ma maison que j'ai achetée de Paul », le legs serait valable, quand bien même la maison n'aurait pas été achetée de Paul, pourvu qu'il n'y ait point de doute sur l'identité de la maison léguée.

§ 15. Bien plus, la fausse cause ajoutée au legs ne nuit point à sa validité, comme si le testateur disait : « Je lègue ma soupière d'argent à Pierre, qui a géré mes affaires en mon absence » ; ou bien : « Je lègue à Paul, avocat, qui m'a si bien défendu dans une accusation capitale, ma montre en or » ; car, bien que Pierre n'ait point géré les affaires du testateur, quoique l'avocat Paul ne l'ait pas défendu dans une accusation capitale, le legs n'en sera pas moins valable. Il en est autrement lorsque la cause est énoncée comme condition du legs : par exemple : « Je donne et lègue à Pierre ma maison s'il a géré mes affaires. »

TITRE XXVIII.

DE LA RÉVOCATION DES TESTAMENTS ET DE LEUR CADUCITÉ.

§ 1. Les testaments ne peuvent être révoqués en tout ou en partie que par un testament postérieur, ou par un acte devant notaire portant déclaration du changement de volonté.

§ 2. Les testaments postérieurs, qui ne révoquent pas d'une manière expresse les précédents, n'annulent dans ceux-ci que les dispositions qui se trouvent incompatibles avec les nouvelles ou qui sont contraires.

§ 3. La révocation faite dans un testament postérieur doit avoir tout son effet, quoique ce nouvel acte reste sans exécution par l'incapacité de l'héritier institué ou du légataire, ou par leur refus de recueillir.

§ 4. Toute disposition testamentaire devient caduque si celui en faveur de qui elle a été faite ne survit pas au testateur. Il en est de même si l'héritier institué ou le légataire la répudie ou se trouve incapable de la recueillir.

§ 5. Les dispositions testamentaires peuvent être révoquées pour cause d'ingratitude si l'héritier institué ou le légataire a fait une injure grave à la mémoire du testateur. La demande doit être intentée dans l'année à compter du jour du délit.

TITRE XXIX.

DES OBLIGATIONS.

Observation.

Tout ce titre et les suivants, jusques et compris le quarante et unième, contiennent la théorie des obligations, matière aussi curieuse qu'intéressante, puisqu'elle nous enseigne l'origine et les diverses espèces d'obligations. Bien que ces distinctions n'aient point été établies dans le Code Napoléon, elles n'en existent pas moins, parce qu'elles sont fondées sur la raison. Il faut en excepter toutefois la solennité des paroles, qui nous semble une pure invention des jurisconsultes. Quoi qu'il en soit, la solennité des paroles était déjà tombée en désuétude dès avant le règne de Justinien. Elle fut remplacée peu à peu par les *pacta conventa*, c'est-à-dire par les conventions nues, lesquelles, dans le principe, ne pouvaient pas produire d'obligations, mais pouvaient seulement être opposées comme exceptions.

§ 1. Jusqu'ici nous avons traité dans le présent livre de la division des choses et des différentes manières d'en acquérir le domaine. Nous avons

rangé les obligations dans la classe des choses incorporelles. Par les obligations, nous acquérons
non pas le domaine des choses, qui contient le *jus
in re*, mais bien le droit aux choses, *jus ad rem*.
L'obligation est définie par le droit romain : Un
lien de droit par lequel nous sommes astreints à
la nécessité de donner ou de faire quelque chose
selon les règles de notre droit civil. *Vinculum juris
quo necessitate astringimur alicujus rei solvendæ
secundum nostræ civitatis jura.*

§ 2. Les obligations résultent soit de contrat,
soit de quasi-contrat, soit de délit, soit de quasi-
délit. Voyons d'abord celles qui résultent de contrat. Elles sont de quatre sortes. En effet, le contrat
se forme ou par la tradition réelle, ou par la solennité des paroles (aujourd'hui remplacée par les
pactes ou simples conventions), ou par les lettres,
ou par le consentement nu.

TITRE XXX.

QUELS CONTRATS RÉSULTENT DE LA TRADITION RÉELLE.

§ 1. L'obligation se contracte par la tradition de la chose, comme dans le contrat de prêt de choses fongibles qu'on appelle en latin *mutuum*. Or les choses fongibles sont celles qui s'estiment par le nombre, le poids ou la mesure, telles que l'argent comptant, l'huile, le blé, le vin, etc., lesquelles choses nous livrons à l'emprunteur pour qu'elles deviennent sa propriété, et pour qu'il nous en rende une pareille quantité. Cette obligation naît pour l'emprunteur de la tradition que le prêteur lui fait de la chose empruntée. (L'écrit qui en est dressé n'est que pour la preuve du contrat.) Et de cette obligation de l'emprunteur dérive, au profit du prêteur, l'action qu'on appelait en droit romain *condictio*, laquelle répond dans notre droit à l'action personnelle.

§ 2. Celui qui a reçu par erreur une chose qui ne lui était pas due contracte, par le payement qui lui est fait, une obligation toute semblable à celle de l'emprunteur. Et de là naît, au profit de celui qui a payé par erreur, une action en répétition contre celui qui a reçu indûment. Cette action s'appelait *condictio indebiti*.

6.

§ 3. De même celui qui a reçu une chose pour en faire usage est obligé envers le prêteur par la tradition qui lui en est faite. Et de cette obligation naît, au profit du prêteur, l'action *commodati*. La condition de l'emprunteur de choses fongibles est très-différente de celle du commodataire. En effet, à celui-ci, la chose prêtée n'est pas livrée pour qu'il la fasse sienne ; et il est tenu de rendre identiquement la chose prêtée. L'emprunteur de la chose fongible, s'il a perdu la chose prêtée, soit par cause d'incendie, de ruine, de naufrage ou par quelque autre cas fortuit, ne demeure pas moins obligé. Le commodataire est sans doute tenu d'apporter à la garde de la chose prêtée une exacte diligence ; mais il n'est pas tenu des cas de force majeure, si ces cas ne sont pas arrivés par sa faute. Autrement, si la chose vous avait été prêtée pour rester dans votre maison, et que vous l'eussiez emportée en voyage, que vous l'eussiez perdue par une attaque d'ennemis ou de brigands, ou par un naufrage, il n'est pas douteux que vous seriez tenu de rendre cette chose ou son estimation. Le contrat de commodat doit être gratuit. En conséquence, si vous aviez stipulé un prix pour le prêt de la chose, ce ne serait plus un prêt, mais un contrat de louage.

§ 4. En outre, celui chez lequel une chose a été déposée est obligé, par la tradition réelle de cette chose, à en faire la restitution. De cette obligation naît, au profit du déposant, l'action *depositi*. Du reste, il n'est tenu que du dol, et non de la négligence. C'est pourquoi il ne peut être recherché, si la chose lui a été enlevée par un voleur, pour n'avoir pas fait assez bonne garde, parce que celui qui a confié sa chose à la garde de son ami négligent doit s'en prendre à lui-même, et non pas à la négligence de son ami.

§ 5. Le créancier qui a reçu un gage est obligé par la tradition réelle de ce gage. De cette obligation naît, au profit du débiteur, l'action *pignoratitia*, pour se faire rendre le gage après avoir satisfait son créancier. Mais comme le gage est dans l'intérêt des deux parties, et du débiteur pour trouver plus facilement du crédit, et du créancier pour la plus grande garantie de sa créance, le législateur a décidé qu'il suffisait au créancier d'apporter à la garde du gage une diligence exacte ; et que, si, malgré cette diligence, il avait perdu le gage par quelque cas fortuit, il n'avait pas moins le droit d'exiger sa créance.

§ 6. La loi permet aussi de donner en gage les biens incorporels, comme une obligation, un titre de rente ou toute autre créance. Le titre de la créance est remis au créancier gagiste, et l'acte qui constate cette remise est signifié au débiteur de la créance donnée en gage. Le contrat de gage n'est parfait à l'égard des tiers que du jour de cette signification. Toutefois, elle n'est pas nécessaire pour les titres qui sont au porteur. La remise de ces titres est suffisante pour la perfection du contrat.

§ 7. Les immeubles peuvent aussi être donnés en gage. Cette espèce de gage s'appelle hypothèque. Suivant les principes rigoureux, l'hypothèque, étant un droit dans la chose, ne pouvait s'acquérir que par la tradition. Mais pour la commodité du commerce, le préteur, à Rome, avait établi qu'elle pût s'établir par simple convention, laquelle jurisprudence a été suivie dans notre droit français.

§ 8. L'hypothèque est conventionnelle, ou légale, ou judiciaire. L'hypothèque conventionnelle est celle qui est accordée par un débiteur spécialement sur tel immeuble, dont il est propriétaire, à son créancier pour la garantie du payement de la dette. Elle doit être consentie par acte authentique, et elle n'a d'effet à l'égard des tiers que du jour où le titre a été inscrit au bureau des hypothèques du lieu où l'immeuble est situé.

§ 9. L'hypothèque légale existe, indépendamment de l'inscription au bureau des hypothèques, au profit des femmes mariées sur tous les biens immeubles de leurs maris, et au profit des mineurs et interdits sur tous les biens immeubles de leurs tuteurs. Elle existe aussi au profit de l'État, des communes et des établissements publics sur les biens immeubles des receveurs et administrateurs comptables. Cette dernière hypothèque légale est soumise à la formalité de l'inscription.

§ 10. L'hypothèque judiciaire est celle qui résulte des jugements passés en force de chose jugée. Elle frappe tous les biens présents et à venir du débiteur. Elle est soumise à la formalité de l'inscription.

§ 11. Enfin, un immeuble peut encore être donné en gage d'une autre manière que l'on appelle antichrèse. Le créancier n'acquiert par ce contrat que la faculté de percevoir les fruits de l'immeuble, à la charge de les imputer annuellement sur les intérêts et subsidiairement sur le capital de sa créance. À défaut de payement au terme convenu, le créancier peut poursuivre l'expropriation de son débiteur par les voies légales.

TITRE XXXI.

DES OBLIGATIONS RÉSULTANT DES LETTRES.

§ 1. Dans le droit romain, on appelait obligation littérale celle qui résultait d'un simple billet souscrit au profit de quelqu'un. Par exemple, si j'avais écrit : « *Je soussigné reconnais devoir à un tel... dix pièces d'or* », l'obligation ne naissait ni de la tradition, ni des paroles solennelles, ni du consentement des parties, mais des lettres, c'est-à-dire de la simple écriture.

§ 2. Comme certaines personnes de mauvaise foi abusaient de ce moyen d'acquérir une obligation, en gardant entre leurs mains les billets qui leur étaient présentés tout écrits et signés de la part de personnes nécessiteuses, afin de les engager à prêter de l'argent, les constitutions des empereurs avaient accordé un délai de deux années au souscripteur du billet pour opposer l'exception *non numeratæ pecuniæ*. Passé lequel délai sans que le souscripteur eût opposé cette exception, il était valablement obligé.

§ 3. Le droit français pose en principe que l'obligation sans cause ne peut avoir aucun effet. Il suit de là qu'un souscripteur de billet qui n'en a pas reçu le montant peut toujours faire annuler l'obligation, s'il parvient à prouver qu'il ne l'a pas reçu ; mais comme cette preuve est la plupart du temps fort difficile à établir, il en résulte que le souscripteur demeure obligé par la seule écriture.

TITRE XXXII.

DES OBLIGATIONS CONSENSUELLES.

§ 1. Les obligations résultent du seul consentement dans les ventes et achats, dans les locations et conductions, dans les sociétés et dans les mandats. On dit que ces obligations sont contractées par le simple consentement, parce qu'il n'est besoin ni d'écriture, ni de tradition de la chose, ni de la présence des contractants, pour que l'obligation prenne sa substance ; mais il suffit que les contractants expriment leur consentement : d'où il suit que ces sortes d'affaires peuvent se négocier par une lettre missive ou par un messager. Dans tous ces contrats, les parties sont réciproquement obligées les unes envers les autres à ce qu'exigent la bonne foi et l'équité, à la différence des autres conventions dans lesquelles l'un stipule et l'autre promet : les obligations qui naissent de ces conventions sont *stricti juris*.

TITRE XXXIII.

DU CONTRAT DE VENTE ET D'ACHAT.

§ 1. Ce contrat est parfait aussitôt qu'on est convenu du prix, quand bien même le prix n'aurait pas été payé, quand bien même des arrhes n'auraient point été données; car ce qui est donné à titre d'arrhes est simplement une preuve du contrat passé. Toutefois, ce que nous venons de dire n'a lieu qu'à l'égard des ventes et achats qui se font sans écriture, dit l'empereur Justinien dans ses Institutes; car nous n'avons rien changé dans ces sortes de ventes et achats. Au sujet de celles qui se font par l'écriture, nous avons décidé que le contrat de vente et achat ne serait parfait qu'autant que l'instrument de ce contrat serait dressé soit de la propre main des contractants, soit de toute autre main; et si l'on a employé le ministère d'un tabellion, qu'autant que l'acte aurait reçu sa perfection et aurait été délivré aux parties. Tant qu'il manque quelque chose à ces formalités, il y a lieu au repentir. Et tant le vendeur que l'acheteur peuvent se désister du contrat sans indemnité, pourvu toutefois qu'il n'y ait point eu d'arrhes données. Car s'il en a été donné, soit que la vente ait été faite avec ou sans écrit, celui qui se désiste, si c'est l'acheteur, perd ce qu'il a donné à titre d'arrhes; et si c'est le vendeur, il paye le double, quoiqu'il n'ait été rien dit au sujet des arrhes. Mais il faut que le prix soit établi, car il n'est nul achat sans prix déterminé.

§ 2. On peut cependant remettre la fixation du prix à l'arbitrage d'un tiers, et le contrat est parfait par cette fixation. Mais si le tiers ne peut ou ne veut pas fixer le prix, la vente est nulle. Ce qui doit aussi être observé dans le contrat de louage. Le prix doit consister en deniers, car s'il consistait en autre chose, ce serait non pas un contrat de vente et achat, mais un contrat d'échange.

§ 3. Dès que le contrat de vente et achat est parfait (ce qui a lieu, comme nous l'avons dit, sitôt que l'on est convenu du prix, lorsque le contrat a été fait sans écrit), la chose est aux risques et périls de l'acheteur, encore bien qu'elle ne lui ait point été livrée. C'est pourquoi, si un animal vendu est mort ou a été blessé, si une maison a été incendiée en tout ou partie, si un terrain a été détaché en tout ou partie par le courant d'un fleuve, ou détérioré par une inondation qui en aurait arraché les arbres, la perte est pour l'acheteur, qui doit payer le prix, bien qu'il ne reçoive pas la chose ou bien qu'il ne la reçoive que détériorée, pourvu que ce soit sans le dol ou la faute du vendeur. Au contraire, si le terrain vendu a été augmenté par alluvion, l'avantage profite à l'acheteur, car celui qui court les risques doit profiter des avantages. Si l'animal vendu s'était échappé sans le dol ou la faute du vendeur, il faudra examiner si le vendeur s'est chargé de la garde jusqu'à la livraison. Dans ce cas, la chose demeure à ses risques. S'il ne s'est pas chargé de la garde, il sera entièrement déchargé. Cependant il doit, dans tous les cas, céder à l'acheteur son action en revendication, parce que celui qui n'a point encore livré la chose à l'acheteur en est encore le propriétaire. Il doit aussi lui céder son action *furti aut damni*.

§ 4. L'achat peut être contracté purement et simplement ou sous condition, par exemple, *si dans tel délai ce cheval est à votre convenance, vous en serez l'acheteur moyennant tel prix.*

§ 5. Outre l'obligation qui incombe au vendeur de livrer la chose vendue, il est tenu envers l'acheteur de lui garantir la possession paisible de cette chose et ses défauts cachés ou vices rédhibitoires. De cette obligation naît au profit de l'acheteur une action de garantie contre le vendeur, en vertu de laquelle l'acheteur peut demander soit la restitution du prix, soit des dommages-intérêts. Cette action de garantie est une branche de l'action *ex empto*.

§ 6. Dans ce titre, qui est traduit pour la plus grande partie des Institutes, se trouvent comprises à peu près toutes les dispositions détaillées dans la loi française sous le titre de la vente.

TITRE XXXIV.

DU CONTRAT DE LOCATION ET CONDUCTION.

§ 1. Ce contrat a une grande affinité avec la vente et achat et se gouverne par les mêmes règles de droit. En effet, de même que la vente et achat se contracte dès qu'on est convenu du prix, pareillement la location et conduction est contractée dès qu'on est convenu du loyer. L'action *locati* compète au bailleur et l'action *conducti* au locataire.

§ 2. De même que le prix de la vente peut être soumis à l'arbitrage d'un tiers, pareillement le prix de la location peut être laissé à l'arbitrage d'un tiers. Si quelqu'un a donné des vêtements à nettoyer à un foulon ou à raccommoder à un tailleur et qu'il n'ait été rien convenu sur le prix, mais qu'il ait été dit que le propriétaire des vêtements payerait le prix qui serait convenu ensuite entre les parties, ce n'est pas proprement un contrat de location-conduction qui est passé, mais il en naît une action qu'on appelle *præscriptis verbis*.

§ 3. De même qu'on a élevé la question de savoir si l'échange était une sorte de vente et achat, pareillement on a demandé si c'était une sorte de location-conduction lorsque quelqu'un vous donne la jouissance d'une chose et que vous lui donnez par contre la jouissance d'une autre chose. Le législateur romain a décidé que ce n'était pas un contrat de location-conduction, mais un autre contrat *sui generis*. Par exemple, un cultivateur a un bœuf. Son voisin a aussi un bœuf. Il a été convenu entre eux qu'ils se prêteraient mutuellement leur bœuf l'un à l'autre et qu'ils se serviraient alternativement chacun pendant dix jours de la paire de bœufs pour son travail des champs. Le bœuf de l'un d'eux a péri chez l'autre. Ce n'est pas un contrat de louage, parce qu'il n'y a pas de prix stipulé. Ce n'est pas non plus un contrat de commodat, attendu que le commodat doit être gratuit. C'est un contrat *sui generis* pour l'exécution duquel il est accordé l'action *præscriptis verbis*.

§ 4. Il existe une si grande affinité entre le contrat de vente et achat et le contrat de location et conduction que dans certains cas on se demande si c'est une vente et achat qui a été contractée ou si c'est une location et conduction. Par exemple, au sujet des héritages dont on accorde la jouissance à perpétuité à quelqu'un, avec cette clause que, tant que la pension ou redevance sera payée au propriétaire, celui-ci ne pourra retirer les héritages ni au conducteur, ni à son héritier, ni à ceux auxquels le conducteur ou son héritier auraient vendu, ou donné, ou constitué en dot les héritages. Comme la nature d'un tel contrat était mise en doute chez les anciens; que les uns le classaient parmi les ventes, les autres parmi les locations, la loi *zéno-nienne* fut promulguée qui a décidé que le contrat aurait sa nature particulière et serait nommé *emphytéose*; qu'il ne serait ni vente ni louage, mais qu'il serait réglé par les conventions des parties, et que ces conventions seraient exécutées comme si c'était un contrat naturel; que, s'il n'avait été rien convenu touchant le risque, la perte totale de la chose retomberait sur le maître et la perte partielle sur l'emphytéote.

§ 5. Si *Titius* était convenu avec un orfévre, en lui remettant un lingot d'or, que cet orfévre lui fabriquerait dix anneaux d'or d'un certain poids et d'une certaine forme, moyennant qu'il donnerait à l'orfévre, par exemple, dix pièces d'or, on a demandé si c'était un contrat de vente ou un contrat de louage. Le jurisconsulte *Cassius* était d'avis que cette convention renfermait un contrat de vente et achat quant à la matière, et un contrat de location et conduction quant à la main-d'œuvre. Le législateur a décidé qu'elle ne contenait qu'un contrat de vente et achat. Que, si *Titius,* en remettant son lingot d'or à l'orfévre, était convenu avec lui de lui payer un certain prix pour la main-d'œuvre, il n'est pas douteux que cette convention renfermerait un contrat de location-conduction. Pour considérer ce contrat comme une vente et achat dans la première donnée, l'on dit : L'orfévre, en transformant le lingot d'or en anneaux, a fait siens ces anneaux, et il les vend moyennant dix pièces d'or.

§ 6. Le locataire doit faire toutes choses conformément aux clauses insérées au contrat de bail ; et, s'il a été oublié quelque chose dans ces clauses, il doit l'exécuter *ex æquo et bono*. Celui qui a donné ou promis un loyer pour l'usage de certains vêtements, de certaines pièces d'argenterie ou d'un certain cheval, doit apporter à la conservation de ces objets le même soin que le père de famille le plus diligent a coutume d'apporter à ses propres affaires. S'il a apporté ce soin et que par quelque cas fortuit il ait perdu la chose, il ne sera pas tenu à faire la restitution.

§ 7. Arrivant le décès du locataire pendant le cours du bail, son héritier lui succède de droit dans le bail. La mort du bailleur ne rompt pas le bail.

§ 8. Ce titre, qui est entièrement tiré des Institutes, contient les principes généraux du contrat de louage. La loi française les a développés avec plus de détails. Après avoir reconnu deux sortes de contrats de louage, le louage des choses et le louage des ouvrages ou de l'industrie, elle pose des règles relatives à chacun de ces contrats. Nous ferons observer seulement que dans le louage des choses elle a compris la convention par laquelle celui qui cultive une terre s'oblige au partage des fruits avec le propriétaire, quoique cette convention renferme plutôt une espèce de société qu'un bail. On pourrait dire la même chose au sujet des contrats de cheptel, que la loi française a rangés sous le titre du louage.

§ 9. Bien que le contrat d'emphytéose ne soit pas mentionné dans la loi française, attendu qu'il existe encore quelques contrats de ce genre, nous en parlerons plus explicitement ci-après sous un titre spécial.

TITRE XXXV.

DE LA SOCIÉTÉ.

§ 1. Nous avons coutume de contracter société soit de tous nos biens (les Grecs l'appelaient κοινωνίαν), soit pour quelque négociation particulière, par exemple, pour acheter et vendre des bestiaux, de l'huile, du vin, du blé, etc.

§ 2. S'il n'a été rien convenu entre les associés relativement aux parts dans le gain ou dans la perte, l'égalité du partage sera observée pour le gain comme pour la perte. Si les parts ont été fixées dans l'acte de société, elles doivent être observées; car on n'a jamais mis en doute la validité d'une convention par laquelle l'un des associés prendrait deux tiers dans le gain et dans la perte et l'autre un tiers seulement.

§ 3. Mais on a mis en question si cette convention était valable par laquelle il serait attribué à *Titius* deux tiers dans les bénéfices et un tiers dans la perte, et à *Mævius* deux tiers dans la perte et un tiers dans les bénéfices. *Quintus Mucius* pensait qu'une telle convention était contraire à la nature de la société et que, par conséquent, elle ne devait pas recevoir son exécution. *Servius Sulpicius,* dont l'avis a prévalu, était d'une opinion contraire,

7

parce qu'il arrive souvent dans une société que le travail de l'un des associés est tellement précieux qu'il est juste de l'admettre dans la société à une condition meilleure. Et il n'est pas douteux qu'une société pourrait être contractée de manière que l'un apportât de l'argent, que l'autre n'y en apportât point, et que cependant le gain serait commun entre eux; car il arrive souvent que le travail de quelqu'un vaut autant que de l'argent. En conséquence, il a été décidé, contre l'avis de *Mucius,* que l'on pourrait convenir dans un acte de société que l'un des associés prendrait une part dans les bénéfices et ne serait pas tenu des pertes, conformément à l'avis de *Servius,* ce qui doit toutefois s'entendre en ce sens que, si la société a fait des bénéfices dans une opération et des pertes dans une autre, il soit fait compensation entre le gain et la perte, et que le gain ne soit compté que déduction faite de la perte.

§ 4. Si dans l'acte de société l'on n'avait fixé les parts des associés que dans le gain ou que dans la perte, il est évident que les parts devraient être les mêmes dans les cas non prévus que dans les cas prévus.

§ 5. La société dure tant que les associés persévèrent dans le même consentement. Mais lorsque l'un d'eux a renoncé à la société, elle est dissoute. Néanmoins, si l'un des associés avait renoncé frauduleusement dans la prévision d'un gros bénéfice qui devait lui échoir ; si, par exemple, ayant été institué héritier de quelqu'un, il avait renoncé à la société universelle de tous biens pour profiter seul de cette hérédité, il serait forcé de communiquer cette hérédité à la société. Mais tout autre gain qu'il aurait fait sans le chercher lui appartiendrait à lui seul.

§ 6. La société est encore dissoute par la mort de l'un des associés, parce que celui qui a contracté société a fait choix de son associé et qu'il ne connaît pas l'héritier de son associé. Lors même que la société serait contractée entre plusieurs, elle se dissout par la mort d'un seul, bien qu'il en reste plusieurs, à moins qu'il n'ait été convenu du contraire dans l'acte de société.

§ 7. Pareillement, la société est dissoute lorsque l'affaire pour laquelle elle avait été constituée est terminée.

§ 8. Il est manifeste que la société se dissout aussi par la déconfiture d'un des associés et la vente de tous ses biens. En effet, puisqu'un autre succède à son lieu et place, il est réputé mort.

§ 9. *Item*, si l'un des associés, accablé par la masse de ses dettes, a fait cession de ses biens, la société est dissoute. Mais dans ce cas, si les associés persistent à demeurer en société, c'est une nouvelle société qui se forme.

§ 10. Dans le cas où l'un des associés aurait reçu

chez lui une chose en dépôt et aurait, par son dol ou sa négligence, été condamné à des dommages-intérêts envers le déposant, on a demandé si les dommages-intérêts devaient être supportés par la société ou seulement par l'associé dépositaire et prélevés sur sa part dans les bénéfices. A l'égard des dommages-intérêts prononcés pour dol, il n'est pas douteux qu'ils doivent être prélevés sur la part des bénéfices de l'associé dépositaire; mais quant à ceux prononcés pour cause de négligence, il faut examiner le degré de négligence. Le dépositaire n'est pas tenu à la plus exacte diligence, mais seulement à celle qu'il a coutume d'employer à ses affaires. En conséquence, s'il a usé de cette diligence, il n'est pas tenu personnellement des dommages-intérêts; c'est la société qui en est passible. L'associé ne doit s'en prendre qu'à lui s'il a choisi un associé peu diligent.

§ II. Dans le droit français, la société universelle de tous biens présents et à venir est interdite entre toutes personnes, si ce n'est entre époux. Nous en parlerons ci-après. Mais il est permis entre toutes autres personnes de former une société de tous biens présents, dans laquelle les associés peuvent mettre en commun tous les biens meubles et immeubles qu'ils possèdent actuellement et les profits qu'ils pourront en retirer. Ils peuvent aussi y comprendre toute autre espèce de gains. Mais les biens qui pourraient leur advenir par succession, donation ou legs, n'entrent dans la société que pour la jouissance.

§ 12. Il est permis aussi de stipuler une société universelle de gains, laquelle renferme tout ce que les associés peuvent acquérir par leur industrie, à quelque titre que ce soit, pendant le cours de la société. Les meubles que chacun des associés possède au jour du contrat y sont aussi compris; mais leurs immeubles personnels n'y entrent que pour la jouissance seulement.

§ 13. Sur les parts des associés dans le gain ou la perte et sur la dissolution de la société, la loi française a adopté à peu près toutes les dispositions du droit romain. Mais il existe une différence qu'il est essentiel de remarquer sur l'effet du partage des biens après la dissolution de la société. Dans le droit romain, lorsque les associés se partageaient les biens de la société, chaque associé était réputé recevoir, à titre de cession, la part de ses coassociés dans tous les effets qui composaient son lot, et céder en échange à chacun de ses coassociés la part qu'il avait dans tous les effets composant leurs lots respectifs. Supposons, par exemple, deux associés, *Titius* et *Mævius*. Les biens de la société consistent dans une maison de ville et une ferme à peu près de valeur égale; la maison est échue à *Titius* et la ferme à *Mævius*. *Titius,* par le partage, devenait propriétaire de la maison échue en son lot, d'abord de son chef pour une moitié et du chef de son associé pour l'autre moitié, dont son associé était réputé lui faire cession ; et *Mævius* devenait propriétaire de la ferme échue à son lot d'une manière analogue.

§ 14. Au contraire, dans le droit français, chacun des coassociés est réputé tenir les biens compris dans son lot non pas de ses coassociés, mais directement de celui duquel ces biens ont été acquis avant d'être mis en société. Ainsi, en retenant l'exemple ci-dessus posé, *Titius,* par le partage, devenait propriétaire de la maison non pas comme de son chef pour moitié et du chef de son coassocié pour l'autre moitié, mais du tout, comme la tenant directement de celui qui l'avait transmise soit à *Titius,* soit à *Mævius.* Il suit de là que cette maison, en tombant dans le lot de *Titius,* était affranchie de toute hypothèque ou autre charge qui pouvait la grever du chef de *Mævius.* Cette innovation au droit romain, introduite par l'ancien droit français et conservée par le Code Napoléon, est applicable au partage des successions et en général de toute espèce de communauté.

§ 15. Dans le droit français, les sociétés de commerce sont assujetties à de certaines formes qui en assurent l'authenticité et la publicité dans l'intérêt des tiers.

TITRE XXXVI.

DE LA COMMUNAUTÉ DE BIENS ENTRE ÉPOUX.

§ 1. Il existe un autre genre de société entre l'homme et la femme qui contractent mariage. Cette société, qui n'était pas connue des Romains, est l'un des effets civils du mariage. Les époux, bien qu'ils n'aient fait entre eux aucune convention sur leurs biens, sont réputés, par le seul fait du mariage, être convenus de les mettre en commun. Cette communauté se compose de tous les biens meubles présents et à venir de chacun des conjoints, de tous les acquêts immeubles qu'ils font durant le mariage, et enfin de tous les fruits et revenus perçus pendant le mariage, tant des biens de la communauté que de ceux qui sont demeurés propres à chacun des conjoints. Les biens propres, c'est-à-dire exclus de la communauté, sont les immeubles que chacun des époux possédait lors de la célébration du mariage et ceux qui leur sont échus depuis par succession, donation ou legs.

§ 2. Par les clauses de leur contrat de mariage, qui doit toujours précéder la célébration du mariage, les époux ont le droit d'étendre cette communauté à tous les biens présents et à venir, tant meubles qu'immeubles. Ils peuvent aussi la restreindre à une certaine partie de leurs biens moindre que la communauté légale, et même convenir qu'il n'y aura pas de communauté.

§ 3. La communauté entre époux est exorbitante des sociétés ordinaires. Le mari est le chef et, en cette qualité, seul maître de ce qui la compose. Il peut vendre, aliéner et hypothéquer les biens de cette communauté sans le concours de sa femme, de sorte que la femme, durant le mariage, n'est pas proprement une associée, mais elle a l'espérance de le devenir.

§ 4. Et comme la femme ne participe pas à l'administration de la communauté, il est juste qu'elle puisse se décharger des dettes en cas de mauvaise gestion de son mari. C'est pourquoi la loi lui accorde la faculté de renoncer à la communauté après sa dissolution, à la charge par elle de faire bon et fidèle inventaire des biens de ladite communauté.

§ 5. La communauté de biens entre époux se dissout par la mort naturelle et par la mort civile de l'un des époux, par la séparation de corps et par la séparation de biens.

§ 6. Après la dissolution de la communauté, les époux ou leurs héritiers rapportent fictivement à la masse des biens existants ce dont ils sont débiteurs envers la communauté à titre de récompense ou d'indemnité. Sur la masse des biens ainsi composée, chaque époux ou son héritier prélève ses biens propres ou ceux acquis en remploi, ou bien le prix des aliénations, si le remploi n'a pas été fait, comme aussi les indemnités qui peuvent lui être dues par la communauté. Lorsque tous ces prélèvements ont été exécutés sur la masse, le surplus se partage par moitié entre les époux ou ceux qui les représentent.

§ 7. Si la femme ou ses héritiers renoncent à la communauté, il n'y a pas lieu à partage ; les biens de cette communauté appartiennent pour la totalité, *jure non decrescendi*, au mari survivant ou à ses héritiers. La femme ou ses héritiers, dans ce cas, n'ont droit qu'aux reprises de la femme.

§ 8. En cas de séparation soit de corps et de biens, soit de biens seulement, la femme en reprend la libre administration.

TITRE XXXVII.

DU MANDAT.

§ 1. Le mandat est contracté de cinq manières :
1° dans l'intérêt du mandant seul; 2° dans l'intérêt
du mandant et du mandataire; 3° dans l'intérêt
d'un tiers seulement; 4° dans l'intérêt du mandant
et d'un tiers; 5° dans l'intérêt du mandataire et
d'un tiers. Quant au mandat qui serait donné dans
l'intérêt seul du mandataire, il serait superflu, et il
n'en naîtrait aucune obligation ni action entre lui et
le mandant. (Voyez ce que nous en disons au § 7.)

§ 2. Le mandat intervient dans l'intérêt du mandant seul lorsque, par exemple, vous donnez procuration au mandataire pour gérer vos affaires, ou
de vous acheter un fonds de terre, ou de se porter
caution pour vous.

§ 3. Dans l'intérêt du mandant et du mandataire,
lorsque, par exemple, je vous charge de prêter de
l'argent à intérêt à Pierre, lequel argent serait
destiné à mes affaires.

§ 4. Dans l'intérêt d'un tiers seulement. Par
exemple, si je vous charge de gérer les affaires de
Pierre, de lui acheter un fonds de terre, ou de
répondre pour lui comme caution.

§ 5. Dans l'intérêt du mandant et d'un tiers. Par

exemple, si je vous charge de gérer les affaires communes entre moi et Pierre, ou d'acheter un fonds de terre en mon nom et au nom de Pierre, ou de vous porter caution pour nous deux.

§ 6. Dans l'intérêt du mandataire et d'un tiers. Par exemple, si, Pierre ayant besoin d'argent, je vous charge de lui en prêter à intérêt.

§ 7. Voici un cas où le mandat est dans l'intérêt du mandataire seul : c'est lorsque, par exemple, je vous fais cession ou transport d'une obligation ou créance qui est en mon nom. Dans ce cas, vous êtes mon mandataire *in rem tuam ;* car vous exercez en mon nom l'action contre le débiteur. Un autre cas est lorsque je vous vends, par exemple, un terrain que vous avez l'occasion de revendre en détail. Afin d'éviter les droits d'enregistrement qu'occasionnerait la vente par-devant notaire, nous passons un acte de vente sous seings privés; puis je vous donne ma procuration à l'effet de vendre en mon nom le terrain dont il s'agit : vous êtes mon mandataire *in rem tuam,* puisque la revente ne doit profiter qu'à vous seul.

§ 8. Le mandat qui est contre les bonnes mœurs n'est point obligatoire. Par exemple, si Pierre vous avait donné sa procuration pour commettre un vol ou quelque autre dommage. En effet, bien que vous ayez subi une peine pour ce délit, vous n'avez aucune action contre Pierre pour vous faire indemniser.

§ 9. Celui qui exécute le mandat ne doit point excéder les bornes de ce mandat. Par exemple, si quelqu'un vous a donné sa procuration pour acheter un fonds moyennant cent écus d'or, ou de vous porter caution pour lui envers Pierre jusqu'à concurrence de cent écus d'or, vous ne devez pas excéder ce prix de vente ni cette somme de cautionnement, autrement vous n'auriez pas contre lui l'action *mandati*. Les jurisconsultes *Sabinus* et *Cassius* ont été jusqu'à soutenir que vous n'auriez pas cette action même jusqu'à concurrence de cent écus d'or ; mais ceux de l'école adverse ont pensé que cette action devait vous compéter jusqu'à cette concurrence, et leur avis est plus bénin. Il va sans dire que l'action vous compétera si vous achetez moyennant un prix moindre, parce que celui qui vous donne pouvoir d'acheter un fonds moyennant cent écus d'or est censé vous avoir donné le pouvoir d'acheter moyennant un prix moindre si vous pouvez.

§ 10. Le mandat qui a été révoqué, les choses étant entières, devient nul.

§ 11. Le mandat est encore dissous par la mort soit du mandant, soit du mandataire ; mais il a été reçu pour cause d'utilité que, si, depuis la mort du mandant, que vous ignoriez, vous avez exécuté le mandat, l'action *mandati* vous compète. Autrement, votre juste et probable ignorance vous serait dommageable. Ce cas est semblable à celui où un débiteur aurait payé sa dette entre les mains du ci-devant économe de Pierre, dont il ignorait le congé; auquel cas le débiteur est parfaitement libéré, bien que, dans la rigueur du droit, il ne le serait pas, comme ayant payé à quelqu'un qui n'avait pas qualité pour recevoir.

§ 12. Personne ne peut être contraint d'accepter un mandat; mais dès qu'il a commencé à l'exécuter, il doit achever ou signifier sa renonciation le plus tôt possible, afin que le mandant puisse exécuter l'affaire par lui-même ou par une autre personne; car, si la renonciation n'a pas été faite de manière que le mandant puisse encore achever l'affaire, l'action *mandati* ne lui compète pas moins. Par exemple, je me disposais à partir pour un voyage. Pierre, votre ami, projetait le même voyage. Vous m'aviez mandé de vous acheter des chevaux ou d'autres choses. Si j'ai accepté le mandat, je puis y renoncer impunément tant que Pierre n'est pas parti et que vous pouvez lui donner votre procuration pour le même objet; mais, si je ne fais cette renonciation qu'après le départ de Pierre, je serai tenu de l'action *mandati*, parce que, Pierre étant parti, le mandant ne peut plus charger un autre de sa procuration. Cependant, si c'est une juste cause qui a retardé ma renonciation, comme si une nécessité publique ne m'avait pas permis de remplir le mandat, je dois être déchargé de l'action *mandati*.

§ 13. Le mandat peut être différé jusqu'à un certain jour : par exemple, si je vous donne pouvoir de faire telle affaire dans deux ans de ce jour ; ou sous condition : par exemple, je vous donne pouvoir de faire *telle* chose si *tel* navire arrive de l'Asie.

§ 14. En somme, il faut savoir que le contrat de mandat, s'il n'est gratuit, dégénère en un autre contrat. Il devient contrat de louage si le mandataire reçoit un salaire ; et, pour parler en termes généraux, dans tous les cas où vous vous chargez gratuitement de faire une affaire ou de recevoir un objet, il y a contrat de mandat ou de dépôt. Si vous acceptez une récompense, c'est un contrat de louage ; c'est pourquoi, si quelqu'un a confié ses vêtements à un foulon pour les nettoyer ou à un tailleur pour les raccommoder et qu'il n'ait été stipulé ni promis aucun salaire, c'est l'action *mandati* qui compète, savoir : l'action *directa* au propriétaire des vêtements pour se les faire restituer, et l'action *contraria* au foulon ou au tailleur pour se faire indemniser des frais de nettoyage ou de raccommodage.

§ 15. Ce titre, qui est tiré du droit romain, renferme en substance à peu près tout ce qui est exposé avec plus de détail au Code Napoléon sous le même titre.

TITRE XXXVIII.

DES OBLIGATIONS RÉSULTANT DE LA SOLENNITÉ DES PAROLES

(aujourd'hui remplacée par les pactes ou simples conventions).

§ 1. Outre les obligations qui résultent de la tradition réelle, ou des lettres, ou du simple consentement, il y avait dans le droit romain une quatrième espèce d'obligations qui naissaient de la solennité des paroles entre le stipulant et le promettant. Le stipulant disait : « Promettez-vous de donner, ou de faire, ou de ne pas faire telle chose ? » Le promettant répondait : « Je le promets ; » et le contrat était aussitôt formé. Il en naissait deux actions : l'action *condictio certi,* si la stipulation était d'une chose certaine et déterminée, et l'action *condictio ex stipulatu,* si la stipulation était d'une chose indéterminée.

§ 2. Les simples conventions qui n'étaient revêtues ni de la qualité de contrat ni de la forme de la stipulation produisaient, à la vérité, des obligations, mais des obligations naturelles destituées d'action ; et, toutefois, elles pouvaient être opposées comme exceptions et elles avaient tous les autres effets que peut avoir une obligation civile. Si elles étaient destituées d'action, c'est, dit-on, par une raison tirée de la politique des patriciens, qui, pour leur intérêt particulier, avaient jugé à propos de faire dépendre le droit d'action des formules dont ils avaient seuls la connaissance dans les premiers temps, afin d'obliger les plébéiens à recourir à eux dans leurs affaires et de les tenir par là dans leur dépendance.

§ 3. La constitution de l'empereur *Léon* a aboli la solennité des paroles et a décidé que l'obligation aurait toute sa force entre le stipulant et le promettant dans quelques termes qu'elle fût exprimée, pourvu que le sens fût clair et intelligible. Depuis cette constitution, les pactes nus ou simples conventions produisirent des actions aussi bien que les paroles solennelles.

§ 4. Toute obligation est pure et simple, ou à terme, ou sous condition. Elle est pure et simple lorsque vous vous engagez, par exemple, à me donner cinq pièces d'or; je peux les exiger de vous sans délai. A terme, lorsque vous vous obligez, par exemple, à me donner cinq pièces d'or au 1er mars prochain; cela m'est dû à l'instant même, mais je ne peux l'exiger avant le terme, et pas même le dernier jour du terme; car, tant que ce dernier jour du terme n'est pas écoulé, il n'est pas certain que vous ne me payerez pas. Sous condition, lorsque l'obligation est différée jusqu'à l'événement ou le non-événement d'un fait. Par exemple : Je m'oblige à vous donner cinq pièces d'or si mon père est nommé président de la cour impériale. Si quelqu'un s'était obligé à vous donner cinq pièces d'or si vous n'alliez pas à Rome, c'est comme s'il s'était obligé de ne les donner qu'à votre mort. D'une obligation conditionnelle naît seulement l'espérance qu'il sera dû quelque chose au stipulant, espérance qu'il transmet à ses héritiers s'il meurt avant que la condition soit accomplie.

§ 5. Le lieu du payement peut être aussi l'objet d'une convention. Par exemple : Je m'engage à vous payer à Lyon ; quoique cette obligation soit faite purement, elle entraîne nécessairement le délai suffisant pour que le débiteur puisse payer à Lyon.

§ 6. Les conditions qui se réfèrent au temps présent ou au temps passé infirment immédiatement l'obligation ou ne la suspendent point. Par exemple : Je m'oblige à vous donner cinq pièces d'or si M. *tel* a été nommé président de la cour impériale, ou si M. *tel* vit encore ; car, si ni l'un ni l'autre fait n'existe, l'obligation est nulle. Si, au contraire, ces faits existent, l'obligation est immédiatement valable. En effet, les événements qui sont certains par la nature ne sauraient retarder l'obligation, quoiqu'ils soient incertains pour nous.

§ 7. Non-seulement les choses peuvent être l'objet d'une stipulation, mais encore les faits. Par exemple, si nous stipulons que l'on fera ou que l'on ne fera pas quelque chose. Le mieux est, dans ces sortes de stipulations, d'ajouter une peine ou dédit, faute d'accomplissement de la stipulation, afin de ne pas laisser dans l'incertain la valeur de la stipulation, et qu'il ne soit pas nécessaire au demandeur de prouver à combien s'élève le dommage qu'il a éprouvé de l'inexécution. C'est pourquoi, si quelqu'un a stipulé d'un ouvrier qu'il lui fera *tels travaux*, il devra ajouter un dédit dans ce genre : Si ces travaux ne sont point exécutés dans *tel délai*, vous me payerez dix pièces d'or à titre de dédit. Si, dans une même clause, il avait été sipulé que *tels travaux* seraient faits et que *tels* seraient interdits, le dédit peut être ajouté de cette manière : Vous me donnerez dix pièces d'or à titre de dédit, en cas de contravention à la stipulation, c'est-à-dire si les travaux promis n'ont pas été exécutés, ou si ceux interdits l'ont été.

TITRE XXXIX.

DES CRÉANCIERS ET DES DÉBITEURS SOLIDAIRES.

§ 1. La stipulation est solidaire entre plusieurs créanciers lorsque le titre donne expressément à chacun d'eux le droit de demander le payement du total de la créance et que le payement fait à l'un d'eux libère le débiteur.

§ 2. L'obligation est solidaire entre plusieurs débiteurs lorsqu'ils sont obligés à une même dette, de manière que chacun puisse être contraint pour la totalité, et que le payement fait par un seul libère les autres envers le créancier.

§ 3. De deux débiteurs solidaires, l'un peut être obligé purement et l'autre à terme ou sous condition. Le terme ou la condition ne font point obstacle à ce que le créancier demande son dû à celui qui est obligé purement.

TITRE XL.

DES STIPULATIONS INUTILES.

§ 1. Toutes les choses soumises à notre domaine peuvent être l'objet d'une stipulation, soit les choses mobilières, soit les choses immobilières.

§ 2. Si quelqu'un avait stipulé une chose qui n'est pas dans la nature ou qui n'y peut pas être, comme un tel cheval qui était mort et qu'il croyait vivant, ou l'hippocentaure, qui n'y peut pas être, la stipulation serait inutile.

§ 3. Il en serait de même si quelqu'un avait stipulé qu'il lui serait livré une chose publique destinée à l'usage du peuple, comme une fontaine, un marché, ou une chose qui n'est pas dans le commerce, ou sa propre chose. L'obligation ne serait point suspendue sous le prétexte que la chose publique pourrait devenir privée, que celle qui n'est point dans le commerce pourrait y tomber et que sa propre chose pourrait cesser de lui appartenir. La stipulation serait nulle incontinent. Au contraire, bien que la chose eût pu être l'objet d'une stipulation, si, par la suite, cette chose tombait dans l'un des cas spécifiés ci-dessus sans le fait du promettant, la stipulation serait nulle.

§ 4. La promesse qu'un autre donnera ou fera

quelque chose n'oblige pas le promettant. Par exemple, s'il promettait que Pierre donnerait cinq pièces d'or. Mais elle l'obligerait s'il promettait de faire en sorte que Pierre les donnât.

§ 5. Si quelqu'un avait stipulé pour autrui, la stipulation serait inutile; mais quelqu'un pourrait valablement stipuler que ce qui lui est dû sera payé à un autre. Par exemple, si je stipulais que Pierre me payera cinq pièces d'or et qu'il pourra les payer soit à moi, soit à Paul, l'obligation sera acquise à moi stipulant et pourra être valablement acquittée entre les mains de Paul, même malgré le stipulant : la libération est opérée de plein droit; mais le stipulant a l'action *mandati* contre Paul. Si quelqu'un avait stipulé pour lui et pour un autre que dix pièces d'or lui seraient données, la stipulation serait certainement valable; mais on avait mis en question si le tout serait dû au stipulant ou seulement la moitié. Il a été décidé que c'était seulement la moitié.

§ 6. Le mineur peut bien obliger les autres envers lui, mais dans le droit français il ne peut pas s'obliger envers les autres, même avec l'autorité de son tuteur, ainsi que nous l'avons vu au titre de la tutelle.

§ 7. La condition impossible ajoutée aux obligations rend la stipulation nulle. Est réputée impossible la condition qui, par la nature, ne peut exister; comme si quelqu'un avait dit : Me promettez-vous dix pièces d'or si je touche du doigt la lune? Mais si quelqu'un avait stipulé ainsi : Me promettez-vous dix pièces d'or si je ne touche pas du doigt la lune? l'obligation serait réputée pure et simple, et par conséquent la chose pourrait être de suite exigée.

§ 8. La stipulation faite et acceptée pour être exécutée seulement après la mort soit du stipulant, soit du promettant, est valable.

§ 9. Comme nous l'avons dit ci-dessus, personne ne peut stipuler au profit d'autrui, parce que les stipulations comme les obligations de cette espèce ont été inventées afin que chacun acquît pour lui ce qui est dans son intérêt. Et si la stipulation profitait à un autre, elle ne serait pas dans l'intérêt du stipulant. Cependant, on peut stipuler pour autrui en convenant d'ajouter une clause pénale. En conséquence, si quelqu'un avait stipulé ainsi : Vous donnerez telle chose à Pierre, la stipulation serait inutile; mais s'il avait ajouté cette clause pénale : Si vous ne donnez pas telle chose à Pierre, vous me payerez tant de pièces d'or, la stipulation serait valable.

§ 10. Si la stipulation au profit d'un tiers intéressait le stipulant, elle serait valable. Si, par exemple, l'un des tuteurs qui s'est chargé seul de l'administration de la tutelle du pupille avait cédé cette administration à son cotuteur et qu'il eût stipulé d'un tiers la garantie de la bonne gestion des affaires du pupille, comme il est de l'intérêt du stipulant que ce qu'il a stipulé soit exécuté, attendu qu'il serait responsable de la mauvaise gestion, la stipulation serait valable. Elle serait valable aussi si vous aviez stipulé que quelque chose serait donné à votre mandataire. Enfin, elle serait valable si quelqu'un, dans son propre intérêt, avait stipulé quelque chose au profit de son créancier : par exemple, que les héritages donnés en hypothèque ne seraient point aliénés.

§ 11. *Vice versâ*, celui qui a promis le fait d'un autre est réputé n'être point obligé s'il ne se soumet, pour sa part, à une peine en cas d'inexécution.

§ 12. La stipulation est inutile lorsqu'elle a pour objet une chose qui n'appartient pas au stipulant pour le cas où elle lui appartiendrait un jour.

§ 13. Si l'une des parties avait entendu stipuler une chose et l'autre en promettre une autre, il n'y aurait aucune obligation contractée, pas plus que si à l'interrogation il n'avait pas été fait de réponse.

§ 14. La promesse qui aurait eu pour objet une chose honteuse : par exemple, de commettre un homicide ou un sacrilége, n'oblige point.

§ 15. Lorsque quelqu'un a stipulé sous une condition quelconque, bien qu'il soit décédé avant l'accomplissement de la condition, si elle vient à s'accomplir ensuite, son héritier est en droit d'agir. Il en est de même de la part du promettant.

§ 16. Celui qui a stipulé qu'une chose lui sera donnée dans l'année ou dans le mois ne peut la demander avant l'expiration de l'année ou du mois.

Observation.

Suivant le droit romain, dans toute stipulation la présence des parties était nécessaire ; de manière qu'une obligation de cette espèce qui avait été contractée entre absents était inutile. Mais comme cela prêtait matière à contestation entre les gens processifs, qui, au bout d'un certain temps, alléguaient n'avoir pas été présents à la stipulation, une constitution impériale fut promulguée qui a décidé que, lorsqu'il y avait un acte écrit de la stipulation constatant que les parties avaient été présentes, il devait y être ajouté foi, à moins que celui qui alléguait l'absence d'une des parties n'apportât des preuves, soit par écrit, soit par témoins *idoines,* que dans toute la journée où l'acte avait été passé ou lui, ou son adversaire avait été dans un autre lieu. De là est venue probablement l'origine de l'institution des officiers publics connus sous le nom de tabellions ou notaires, établis pour recevoir les conventions des parties et constater leur présence d'une manière authentique, comme l'indique la formule de leurs actes : *Par-devant M^e un tel....., furent présents, etc.*

TITRE XLI.

DES FIDÉJUSSEURS OU CAUTIONS.

§ 1. Dans l'ancien droit romain, lorsqu'un créancier stipulait la garantie de sa créance de quelqu'un qui s'obligeait pour le débiteur, cette obligation naissait de la solennité des paroles. Elle résulte aujourd'hui, comme toutes les autres obligations de cette espèce, de la simple convention des parties. On appelle fidéjusseurs ceux qui s'obligent ainsi pour le créancier qui accepte pour assurer d'autant ce qui lui est dû.

§ 2. Les fidéjusseurs ou cautions peuvent être pris dans toutes sortes d'obligations, soit réelles, soit littérales, soit consensuelles, soit conventionnelles; peu importe que ce soit une obligation naturelle ou une obligation civile à laquelle soit ajouté un fidéjusseur.

§ 3. Le fidéjusseur oblige non-seulement sa personne, mais encore celle de son héritier.

§ 4. Le fidéjusseur peut s'obliger avant comme après l'obligation principale.

§ 5. S'il y a plusieurs fidéjusseurs, chacun est tenu pour le total de la dette. C'est pourquoi il est libre au créancier de s'adresser à qui bon lui semble des fidéjusseurs pour le total de la dette. Toutefois, en vertu d'une lettre de l'empereur Adrien, le créancier a été contraint de demander séparément à chacun des fidéjusseurs qui étaient solvables au moment de sa demande sa quote-part. En conséquence, si l'un des fidéjusseurs, à cette époque, était insolvable, sa quote-part était répartie entre les solvables; mais si l'un des fidéjusseurs avait seul payé toute la dette, il supportait seul la perte en cas d'insolvabilité du débiteur principal, car il devait s'imputer de n'avoir pas profité du bénéfice de la lettre de l'empereur Adrien.

§ 6. Les fidéjusseurs ne peuvent être obligés à plus que le débiteur principal, mais, au contraire, ils peuvent être obligés à moins; c'est pourquoi, si le débiteur principal a promis dix pièces d'or, le fidéjusseur peut valablement s'obliger pour cinq. Dans le sens contraire, il ne peut être obligé.

§ 7. Toutes ces dispositions, qui sont extraites du droit romain, ont été conservées dans le droit français. Il faut remarquer toutefois cette différence, que, selon le droit romain, le fidéjusseur qui avait payé pour le débiteur principal avait contre ce débiteur l'action *mandati* seulement, pour se faire rembourser, tandis que le droit français accorde au fidéjusseur qui a payé pour le débiteur principal la subrogation dans les droits et actions du créancier, sans que le fidéjusseur ait demandé cette subrogation. Selon le droit romain, cette subrogation n'avait lieu que lorsqu'elle était demandée.

TITRE XLII.

DU CONTRAT DE DONATION ENTRE-VIFS.

§ 1. La donation, lorsque la tradition n'a pas lieu immédiatement, ne transfère pas la propriété de la chose donnée, ainsi que nous l'avons dit au titre X du livre II; mais, dès qu'elle est acceptée par le donataire, elle forme un contrat d'où naît une action personnelle au profit du donataire contre le donateur pour se faire délivrer la chose; et comme le donataire n'a aucun droit dans la chose tant qu'elle ne lui a pas été livrée, il s'ensuit qu'il n'a point d'action réelle en revendication contre un tiers détenteur de cette chose.

§ 2. La donation entre-vifs est du droit des gens; mais nos lois civiles l'ont assujettie à certaines formes. Et d'abord elle doit être passée en minute par-devant notaires, à peine de nullité. En second lieu, elle doit être acceptée en termes exprès par le donataire soit dans l'acte même de donation, soit dans un acte postérieur et authentique dont il doit rester minute. L'acte d'acceptation postérieur doit être notifié au donateur.

§ 3. Enfin, lorsque la donation contient des biens susceptibles d'hypothèque, la transcription des actes contenant la donation et l'acceptation, ainsi que la notification de l'acceptation qui aurait eu lieu par acte séparé, doit être faite aux bureaux des hypothèques dans l'arrondissement desquels les biens sont situés.

§ 4. Le défaut de transcription peut être opposé par toutes personnes ayant intérêt : par exemple, par les héritiers du donateur ou par ses créanciers, même par ceux postérieurs à la donation.

§ 5. La formalité de l'inscription remplace, dans notre nouveau droit, l'insinuation prescrite par nos anciennes lois et ordonnances pour donner la publicité aux donations. L'insinuation s'appliquait aux donations entre-vifs soit d'objets mobiliers, soit d'immeubles. Néanmoins, les ordonnances avaient exempté les donations d'effets mobiliers de cette formalité lorsque leur valeur n'excédait pas mille francs. Du reste, la formalité de l'insinuation remonte aux temps antérieurs à Justinien.

Déjà cet empereur en avait dispensé les donations qui n'excédaient pas cinq cents *solidi*.

§ 6. Le Code civil a implicitement exempté de la formalité de la transcription toutes les donations entre-vifs d'effets mobiliers, puisqu'il n'y a soumis que les biens susceptibles d'hypothèque.

§ 7. Il est évident que ces diverses formalités dont les donations entre-vifs ont été environnées par le droit civil ont été inventées pour que les héritiers du donateur qui accepteraient sa succession ou les tiers qui contracteraient avec lui ne fussent point trompés ou induits en erreur, dans l'ignorance où ils seraient qu'il s'est dépouillé de ses biens par des donations.

§ 8. Il faut savoir cependant que, bien que la donation entre-vifs ait reçu sa perfection par toutes les formalités ci-devant énoncées, il est au pouvoir du donateur de la révoquer dans certains cas : 1° pour cause de survenance d'enfants au donateur; 2° pour cause d'ingratitude; 3° pour cause d'inexécution des conditions sous lesquelles elle a été faite.

§ 9. Disons encore que la donation entre-vifs peut se résoudre dans le cas de prédécès du donataire et de ses descendants, si le donateur a inséré cette clause dans l'acte de donation.

TITRE XLIII.

DE L'EMPHYTÉOSE.

§ 1. Nous avons indiqué sous le § 4 du titre XXXIV que l'emphytéose n'était ni une vente ni un bail, mais un contrat *sui generis*. Bien que le Code civil n'ait point reconnu ce contrat, nous croyons devoir en dire quelques mots, attendu qu'il existe encore quelques baux de ce genre en cours d'exécution.

§ 2. Ce contrat, qui a commencé d'être en usage vers les temps de Constantin le Grand, a été ainsi appelé du mot grec ἐμφυτεύειν, qui signifie planter, parce que la plupart du temps les terres incultes étaient livrées, en vertu de la loi *zénonienne,* à des preneurs moyennant une certaine redevance ou canon annuel.

§ 3. Chez les Romains il était de principe que celui auquel une province appartenait était propriétaire de toutes les terres de cette province. Ainsi, quand une province était vaincue, tous les particuliers étaient déchus du domaine de leurs terres, et elles formaient ce qu'on appelait *ager publicus*. Mais, attendu que tout le peuple ne pouvait pas cultiver ce champ ni en percevoir les fruits, on avait recours à trois moyens : 1° en vertu de quelque loi agraire, on envoyait des colonies dans la province nouvelle, et les terres étaient partagées entre les nouveaux colons; 2° on louait les terres cultivées soit aux anciens possesseurs, soit à d'autres, à condition qu'ils payeraient une redevance annuelle, par exemple, la dîme des fruits, et ces terres étaient appelées *vectigales;* 3° enfin, l'on abandonnait les terres en friche à d'autres qui en acquéraient le domaine utile, à la charge par eux de les cultiver et d'en payer une modique redevance pour chaque année, en reconnaissance du domaine direct réservé au propriétaire. Ces terres étaient appelées emphytéotiques. Ce que faisait le peuple romain fut imité par les municipes et les colonies, lesquels donnaient aussi leurs terres à emphytéose, et enfin par les particuliers; de sorte que, dès le quatrième siècle de l'ère chrétienne, rien n'était plus fréquent que l'emphytéose. Sa durée fut limitée à quatre-vingt-dix-neuf ans.

§ 4. L'emphytéote, ayant le domaine utile de l'héritage, a le *jus in re.* Il peut en disposer librement, le revendiquer s'il en perd la possession, en faire les fruits siens, pourvu qu'il paye la redevance annuelle.

§ 5. Mais, tant que l'héritage n'est pas livré, l'emphytéote n'a que le *jus ad rem* résultant du contrat. De ce contrat, comme de tous les contrats synallagmatiques, naissent deux actions, l'une au profit du propriétaire direct pour exiger le canon, l'autre au profit de l'emphytéote pour exiger la tradition de l'héritage.

TITRE XLIV.

DES OBLIGATIONS QUI NAISSENT DU QUASI-CONTRAT.

§ 1. Après avoir énuméré les différents genres de contrats, nous allons examiner les obligations qui ne résultent pas proprement des contrats ; mais comme cependant elles ne prennent pas leur substance d'un délit, elles semblent naître d'un quasi-contrat.

§ 2. Ainsi, lorsque quelqu'un gère les affaires d'un absent, il en résulte de part et d'autre des actions qui sont appelées *negotiorum gestorum*. Celui dont les affaires ont été gérées a l'action *directe* contre celui qui les a gérées ; à celui-ci compète l'action *contraire*. Il est évident que ces actions ne naissent d'aucun contrat, car elles naissent dès que quelqu'un, sans mandat, s'est offert pour gérer les affaires d'autrui ; d'où il résulte que celui dont les affaires ont été gérées est obligé même à son insu, ce qui a été établi dans la crainte que les affaires de ceux qui sont obligés de s'absenter précipitamment sans avoir eu la précaution d'en confier à quelqu'un la gestion ne restent en souffrance, comme elles resteraient nécessairement si le *negotiorum gestor* était dénué d'action pour se faire rembourser de ses dépenses. Or, de même que celui qui a géré utilement les affaires d'un

8.

autre a cet autre pour obligé, pareillement il est tenu envers cet autre à lui rendre compte de sa gestion. Ce compte doit être rendu avec la plus grande exactitude.

§ 3. Les tuteurs aussi contre lesquels a lieu l'action de la tutelle ne sont pas censés obligés en vertu d'un contrat (car un contrat ne peut intervenir entre un tuteur et son pupille); mais comme ils ne sont obligés par suite d'aucun délit, ils sont réputés obligés en vertu d'un quasi-contrat. Or, dans ce cas les actions sont réciproques; car non-seulement le pupille a l'action *tutelæ* contre son tuteur, mais le tuteur a contre son pupille l'action *contraria tutelæ*, soit qu'il ait fait quelque dépense pour la gestion, soit qu'il ait contracté pour le pupille quelque obligation, ou qu'il ait hypothéqué sa chose aux créanciers du pupille.

§ 4. *Item*, si une chose est commune entre quelques-uns sans qu'il soit intervenu de société entre eux, par exemple, si cette chose leur avait été donnée ou léguée conjointement, et que l'un d'entre eux fût poursuivi par l'autre en vertu de l'action en partage (*communi dividundo*), afin de se faire rendre compte des fruits que le copropriétaire aurait perçus seul, ou pour se faire indemniser des frais qu'il aurait avancés seul pour la conservation de la chose commune, le copropriétaire poursuivi n'est pas proprement obligé en vertu d'un contrat, puisqu'il n'est rien intervenu entre lui et son copropriétaire ; mais parce qu'il n'est point obligé par suite de délit, il est réputé obligé en vertu de quasi-contrat.

§ 5. On doit décider de même à l'égard de celui qui, pour des causes semblables, est obligé envers son cohéritier qui lui intenterait l'action en partage (*familiæ erciscundæ*).

§ 6. La mitoyenneté d'un mur ou d'un fossé entre deux voisins engendre aussi entre eux des obligations réciproques résultant de quasi-contrat lorsqu'il n'est intervenu entre eux aucune convention relativement à cette mitoyenneté. Par exemple, si l'un d'eux avait fait seul les dépenses nécessaires à la réparation du mur mitoyen ou du curage du fossé mitoyen, l'action lui compéterait en vertu de ce quasi-contrat pour répéter de son voisin la moitié des frais par lui déboursés.

§ 7. L'héritier non plus n'est pas proprement obligé en vertu de contrat envers le légataire particulier ; car on ne peut pas dire qu'il soit intervenu aucune convention entre le légataire et soit le défunt, soit l'héritier. Néanmoins, parce que l'héritier n'est point obligé par suite de délit, il est réputé obligé en vertu de quasi-contrat.

§ 8. *Item*, celui qui a reçu par erreur ce qui ne lui était pas dû est censé obligé en vertu de quasi-contrat. Il est tenu de la même manière que celui qui a reçu de l'argent à titre de prêt.

TITRE XLV.

DE QUELLE MANIÈRE S'ÉTEIGNENT LES OBLIGATIONS.

§ 1. Toute obligation s'éteint par le payement de la chose due, ou si quelqu'un, du consentement de son créancier, lui a payé une autre chose à la place de celle qu'il devait. Peu importe par qui est fait le payement, que ce soit le débiteur ou un autre qui paye pour lui; car le débiteur est libéré par le payement fait pour lui par un autre, soit qu'il le sache, soit qu'il l'ignore, et même malgré lui. De même, quand le débiteur principal a payé, non-seulement il est libéré, mais ceux aussi qui sont intervenus pour lui. La même chose a lieu dans le cas contraire : si le fidéjusseur a payé, non-seulement il est libéré, mais encore le débiteur principal.

§ 2. L'obligation s'éteint aussi par la remise de la dette, que les Romains appelaient l'*acceptila-tion*. L'acceptilation était un payement imaginaire. Le débiteur faisait à son créancier cette demande : *La chose ou la somme que je vous ai promise, la tenez-vous pour reçue ?* Et le créancier répondait : *Oui, je la tiens pour reçue.*

§ 3. L'acceptilation n'est pas en usage dans notre droit. L'extinction de la dette résulte de la simple déclaration faite par le créancier qu'il fait remise au débiteur de ce qu'il lui doit, et de l'acceptation faite par le débiteur. Elle résulte aussi de la remise volontaire du titre par le créancier au débiteur.

§ 4. En outre, l'obligation s'éteint par la novation : par exemple, si vous avez stipulé que ce qui vous était dû par Pierre vous serait dû par Paul; car, par l'intervention d'une personne nouvelle naît une nouvelle obligation, et la première est éteinte, étant transportée dans la dernière, au point que quelquefois, bien que la stipulation postérieure soit inutile, cependant la première est éteinte par le droit de novation : par exemple, si vous avez stipulé avec un mineur que ce qui vous était dû par Pierre vous serait payé par ce mineur, dans ce cas la chose est perdue, car le premier débiteur est libéré et l'obligation postérieure est nulle. Il y a pareillement novation lorsque le créancier fait avec son débiteur une nouvelle stipulation par laquelle il est ajouté ou retranché quelque chose à la première, comme une condition, un terme ou une caution. Mais pour que cette novation s'opère par la condition, il faut que cette condition arrive; car, si elle vient à défaillir, la première obligation subsiste. Il était constant parmi les anciens jurisconsultes que la novation s'opérait toutes les fois que l'on avait stipulé une nouvelle obligation avec l'intention d'innover. Mais ce qui était douteux, c'était de savoir quand l'intention d'innover était certaine; et ils avaient établi des présomptions pour reconnaître cette intention. Afin d'éviter toutes ces contestations, la constitution impériale a décidé positivement qu'il n'y aurait novation à l'obligation précédente qu'autant que cela aurait été déclaré expressément entre les contractants; autrement, la précédente obligation continuait de subsister, et la seconde était accessoire. Cette jurisprudence a été adoptée par la loi française.

§ 5. Les obligations consensuelles se dissolvent par la volonté contraire de ceux qui les ont contractées : par exemple, Pierre a vendu une pièce de terre à Paul moyennant cent écus d'or; ensuite, le contrat n'étant point encore exécuté, c'est-à-dire ni le prix payé, ni la chose livrée, Pierre et Paul, changeant d'avis, ont mutuellement consenti à ce que la vente n'eût pas lieu : ils sont respectivement libérés. La même chose a lieu dans le contrat de location-conduction et dans les autres contrats qui se forment par le consentement.

§ 6. Cette règle, qui est fondée sur la nature des choses, reçoit pourtant dans le droit français une exception à l'égard du contrat de vente, qui, selon ce droit, est parfait, et la propriété de la chose vendue est acquise à l'acheteur dès que l'on est convenu de la chose et du prix, quoique la chose n'ait pas encore été livrée ni le prix payé.

§ 7. Lorsque la vente a été faite sous seings privés, il est évident qu'elle peut être annulée par la destruction que les parties feraient volontairement de leurs titres ; mais si la vente avait été passée par-devant notaires, comme il n'est pas possible de détruire la minute de l'acte, l'acheteur serait forcé de revendre la chose au vendeur, et le vendeur de la racheter.

§ 8. Les obligations s'éteignent aussi par la compensation ou par la confusion. Lorsque deux personnes se trouvent débitrices l'une envers l'autre, il s'opère entre elles une compensation qui éteint les deux dettes de plein droit par la seule force de la loi, même à l'insu des débiteurs, pourvu que les deux dettes soient également liquides et exigibles, et qu'elles consistent l'une et l'autre dans une somme d'argent ou une certaine quantité de choses fongibles de la même espèce.

§ 9. Lorsque l'une des dettes est plus considérable que l'autre, la compensation ne s'opère que jusqu'à concurrence de la dette la plus faible. L'obligation au profit du plus fort créancier continue de subsister pour le surplus.

§ 10. Lorsqu'un débiteur devient l'héritier de celui auquel il devait, il s'opère une confusion qui éteint en même temps l'obligation et la créance. La même chose a lieu lorsqu'un créancier devient l'héritier de celui qui est son débiteur.

§ 11. Quelquefois un débiteur obéré fait, pour

se libérer de ses dettes, cession et abandon de tous ses biens à ses créanciers.

§ 12. Dans notre droit, la loi permet aussi au débiteur malheureux et de bonne foi, pour avoir la liberté de sa personne, de faire en justice l'abandon de tous ses biens à ses créanciers. Cette cession ne confère pas la propriété aux créanciers, elle leur donne seulement le droit de faire vendre les biens à leur profit et d'en percevoir les revenus jusqu'à la vente. La cession judiciaire ne libère le débiteur que jusqu'à concurrence de la valeur des biens abandonnés.

§ 13. Enfin, il existe encore un moyen, introduit par le droit civil, d'éteindre les obligations par le laps de temps; car, selon le droit naturel, les obligations sont contractées à perpétuité et ne peuvent s'éteindre que par le payement ou par les autres moyens ci-devant indiqués. Néanmoins, comme le créancier est présumé satisfait lorsqu'il est demeuré un certain temps sans exiger sa créance, la loi a accordé au débiteur une exception ou fin de non-recevoir qu'il peut légalement opposer contre la demande du créancier. Dans le for intérieur, le débiteur reste obligé tant qu'il n'a pas satisfait le créancier. Le temps fixé par la loi pour acquérir la prescription est plus ou moins long, selon la nature des créances, ainsi qu'il sera expliqué ci-après au livre III.

TITRE XLVI.

DES OBLIGATIONS QUI NAISSENT DES DÉLITS.

§ 1. Comme nous avons traité dans les titres précédents des obligations qui résultent des contrats et des quasi-contrats, il est naturel de parler des obligations qui naissent des délits et des quasi-délits. Les obligations qui naissent des contrats sont, comme on l'a vu, de quatre sortes; celles qui résultent des délits sont d'une seule espèce, car elles naissent toutes de la chose, c'est-à-dire du délit même. Dans le droit romain les délits étaient classés ainsi : le vol, la rapine, le dol, l'injure. En somme, l'auteur du délit était obligé non-seulement à la restitution de la chose volée ou ravie, ou à la réparation du tort causé par le dol ou l'injure, mais, en outre, à subir une certaine peine pécuniaire fixée par les lois. Cette peine consistait au double, au triple ou au quadruple de la valeur des objets volés ou ravis, ou de l'estimation du dommage, selon la gravité du délit.

§ 2. Indépendamment de cette peine, qui n'était que pécuniaire, il y avait dans le droit romain des peines afflictives ou infamantes réservées à certains crimes et déterminées par des lois spéciales, notamment par la loi *Julia*, contre ceux qui avaient tramé quelque complot soit contre l'empereur, soit contre la république, comme aussi contre ceux qui avaient commis l'adultère, la pédérastie ou la concussion, ou contre ceux qui avaient enlevé de force ou débauché, même sans violence, une vierge ou une veuve vivant honnêtement, ou une religieuse; par la loi *Cornelia*, contre les sicaires, les empoisonneurs, les faussaires; par la loi *Pompeïa*, contre les parricides. La poursuite des peines réservées à ces diverses espèces de crimes compétait à quiconque voulait l'entreprendre : c'est pourquoi l'on appelait ces sortes de poursuites actions ou jugements publics.

§ 3. Dans le droit français les choses se comportent différemment. Les délits comme les crimes engendrent une double obligation; car celui qui s'est rendu coupable d'un délit ou d'un crime est obligé d'une part envers la partie lésée soit à la restitution de la chose, soit au payement de l'estimation du tort ou du dommage causé, et d'autre part envers le magistrat délégué spécialement par le souverain, au nom de la société qu'il représente, à l'expiation soit de la peine pécuniaire, soit de la peine afflictive ou infamante déterminées par la loi. De cette double obligation naissent deux actions : l'action civile, qui compète à la partie lésée, et l'action publique, qui est exercée par le magistrat chargé de la poursuite des crimes et délits. Nous traiterons ci-après de ces actions dans le livre III.

TITRE XLVII.

DES OBLIGATIONS QUI NAISSENT DES QUASI-DÉLITS.

§ 1. Dans le droit romain, le juge qui avait mal rendu la justice, c'est-à-dire qui avait condamné à payer celui qui ne devait pas, n'était pas obligé proprement par un délit ni par un contrat; mais parce qu'il n'était obligé ni par délit, ni par contrat, et qu'il était réputé avoir péché par imprudence, il était obligé par quasi-délit, et il devait être condamné à une amende dont le montant était laissé à l'appréciation du juge.

§ 2. Ce genre de quasi-délit n'est pas connu dans le droit français. Lorsque le juge ou les juges qui composent le tribunal ont rendu leur jugement, il est permis à la partie qui se croit condamnée injustement de se pourvoir en appel devant un tribunal supérieur; et si le tribunal supérieur confirme le premier jugement, la condamnation a acquis l'autorité de la chose jugée, et le condamné serait tenu d'exécuter le jugement quand bien même il aurait depuis retrouvé la preuve matérielle de sa libération.

§ 3. Celui de l'habitation duquel il a ét jeté ou versé quelque chose qui a causé du tort à autrui est obligé par quasi-délit, soit que l'habitation lui appartienne, soit qu'il la tienne à loyer, ou qu'il soit logé gratis. Ce n'est pas toujours par son propre quasi-délit qu'il est obligé; car la plupart du temps c'est par la faute d'un autre, par exemple, de ses domestiques ou de ses enfants.

§ 4. Même décision à l'égard de celui qui, sur la voie publique, a déposé ou suspendu quelque objet capable de nuire, en tombant, à quelque passant. Dans le droit romain il était passible d'une amende fixée à dix pièces d'or. S'il avait jeté ou répandu quelque chose de son habitation, l'amende était taxée au double de l'estimation du dommage causé. S'il y avait eu mort d'homme libre, elle était taxée à cinquante pièces d'or. S'il y avait eu seulement blessure, l'amende était appréciée par le juge selon les circonstances, car le juge devait faire entrer en ligne de compte les visites payées au médecin et les autres frais de maladie, comme aussi l'incapacité de travail à laquelle le blessé avait pu être réduit.

§ 5. Le patron d'un navire, d'une hôtellerie ou d'une étable, est responsable *ex quasi delicto* du vol ou du dol qui ont été commis dans son navire, dans son hôtellerie ou dans son étable. En effet, comme il n'est obligé ni par délit, ni par contrat, et qu'il est néanmoins coupable en ce sens qu'il s'est servi d'employés malhonnêtes, il est responsable *ex quasi delicto*.

§ 6. Dans le droit français ces sortes de quasi-délits sont assimilés aux délits quant à l'estimation du dommage et aux amendes encourues, ainsi qu'il sera expliqué ci-après, au livre III.

LIVRE TROISIÈME.

DES ACTIONS.

TITRE Ier.

§ 1. Il nous reste à parler des actions. L'action n'est autre chose que le droit de poursuivre en justice ce qui nous est dû. Les actions découlent des contrats, des quasi-contrats, des délits, des quasi-délits, ou directement de la loi.

§ 2. Les contrats synallagmatiques ou bilatéraux produisent deux actions. Ainsi, du contrat de vente et achat naissent l'action *ex vendito*, au profit du vendeur pour obtenir le payement du prix, et l'action *ex empto*, au profit de l'acheteur pour se faire délivrer la chose vendue ou pour se faire indemniser en cas d'éviction. Ces deux actions sont l'une et l'autre directes. Pareillement du contrat de location-conduction dérivent deux actions directes : l'action *locati*, au profit du bailleur pour obtenir le payement du loyer, et l'action *conducti*, au profit du locataire pour se faire livrer la chose louée et pour en avoir la paisible jouissance. Du contrat de société naît l'action *pro socio*, laquelle compète à chaque associé contre ses coassociés ou l'un d'eux pour en exiger l'accomplissement, soit pendant la durée de la société pour demander compte des bénéfices, etc., soit après sa dissolution pour demander le partage du fonds de la société. Du contrat de mandat naissent deux actions, dont l'une est directe et compète au mandant pour demander compte au mandataire de sa gestion : on l'appelle *actio mandati directa;* et l'autre, *contraria,* compète au mandataire pour se faire indemniser des frais et dépenses par lui avancés à l'occasion de sa gestion, par exemple, des frais de moisson ou de vendange, car le contrat de mandat est essentiellement gratuit; il dégénérerait en contrat de louage si le mandataire exigeait une récompense pour ses peines et soins donnés à la gestion.

§ 3. Les contrats réels, tels que le commodat, le dépôt, le gage, engendrent pareillement deux actions, savoir : le commodat, l'action directe *commodati,* au profit du prêteur pour se faire restituer l'objet prêté, et l'action contraire *commodati,* au profit du commodataire pour se faire indemniser des sommes par lui déboursées pour l'entretien et la conservation de l'objet prêté. Le dépôt engendre l'action directe *depositi,* au profit du déposant pour la restitution du dépôt, et l'action *depositi contraria,* au profit du dépositaire pour se faire indemniser des dépenses par lui faites pour l'entretien, la conservation et la garde du dépôt. Le contrat de gage produit l'action *pignoratitia directa*, qui compète au propriétaire du gage pour se le faire restituer lorsqu'il a payé la dette, et l'action *pignoratitia contraria*, qui compète au créancier pour se faire indemniser des frais utilement par lui faits pour la conservation du gage. Lorsque le gage consiste dans un immeuble hypothéqué par le débiteur en garantie de sa dette, il naît de l'obligation engendrée par cette convention une action réelle qui est appelée hypothécaire, laquelle donne au créancier le droit de faire vendre l'immeuble à défaut de payement par le débiteur.

§ 4. Quant aux contrats unilatéraux, tels que le prêt d'argent ou d'autres choses fongibles, et tous les autres contrats dans lesquels un seul est obligé, ils ne produisent qu'une seule action contre celui qui est obligé. L'action qui résulte du prêt d'argent ou d'autres choses fongibles était connue dans le droit romain sous le nom d'action *mutui* ou de *condictio;* et l'on appelait en général actions *ex stipulatu* toutes celles qui naissent des contrats unilatéraux.

§ 5. Les obligations qui naissent des quasi-contrats engendrent aussi des actions. Ainsi, lorsque quelqu'un a reçu une somme d'argent qui ne lui était pas due et qu'il croyait lui être due, il est tenu à la restitution de cette somme; et celui qui a payé indûment a contre lui une action en répétition qui s'appelait dans le droit romain *condictio indebiti*.

§ 6. Le quasi-contrat, *negotiorum gestorum*, produit comme le mandat deux actions : l'action directe, au profit de celui dont les affaires ont été gérées pour se faire rendre compte de la gestion, et l'action contraire, au profit du *negotiorum gestor* pour se faire indemniser de ses frais et déboursés.

§ 7. Pareillement le quasi-contrat de la tutelle produit deux actions : l'une *directe*, au profit du pupille pour demander compte de la gestion du tuteur et pour exiger le payement du reliquat; l'autre *contraire*, laquelle compète au tuteur pour exiger le remboursement des frais et dépenses utilement avancés pour la gestion de la tutelle.

TITRE II.

DES ACTIONS QUI ÉMANENT DE LA LOI.

§ 1. Outre les actions qui naissent des contrats et des quasi-contrats, d'autres encore ont été établies par la loi. Ainsi, le bailleur a une action privilégiée sur les meubles et effets qui garnissent la maison, la métairie et les autres lieux compris dans la location : c'était l'action *servienne* du droit romain. Cette action est fondée sur ce que le propriétaire de la maison, de la métairie ou des autres lieux occupés par le locataire a les meubles et effets qui garnissent les lieux loués en nantissement ou gage donné par le locataire, qui est censé les détenir ou les posséder pour le propriétaire. La même action privilégiée s'étend sur les fruits qui naissent sur la chose louée.

§ 2. Pareillement la loi accorde à la femme mariée une hypothèque sur tous les biens immeubles présents et à venir de son mari pour la garantie tant de sa dot que de ses reprises et conventions matrimoniales. De là naît une action réelle au profit de la femme qu'elle peut exercer non-seulement contre son mari ou ses héritiers, mais contre tous détenteurs quelconques des immeubles soumis à cette hypothèque, pour se faire payer préférablement à tous autres créanciers qui n'auraient point d'hypothèque antérieure : c'était l'action *quasi serrienne* du droit romain, sous l'empire duquel la femme avait en outre un privilége sur les biens meubles du mari pour le remboursement de sa dot, privilége qui ne lui a pas été conservé par le droit français.

§ 3. Les pupilles et les interdits jouissent aussi de l'action hypothécaire que la loi leur confère sur les immeubles présents et à venir de leurs tuteurs pour être payés par préférence à tous autres créanciers, même aux créanciers hypothécaires qui seraient postérieurs en date à la tutelle.

§ 4. Le fisc a pareillement l'action hypothécaire contre les receveurs et administrateurs comptables, tant de l'État que des communes et des établissements publics, sur tous leurs immeubles présents et à venir.

§ 5. Cette même loi donne aux jugements la force de produire une action hypothécaire en faveur de celui qui les a obtenus. Cette action frappe tous les immeubles présents et à venir de celui contre lequel les jugements ont été rendus. C'est pourquoi on l'appelle hypothèque judiciaire.

§ 6. L'hypothèque légale au profit du fisc et l'hypothèque judiciaire n'ont d'effet que du jour de leur inscription au bureau de la conservation. des hypothèques. Celle des femmes mariées et celle des mineurs et interdits existent indépendamment de cette inscription.

§ 7. Outre l'action hypothécaire, la loi accorde aussi une action privilégiée à certains créanciers pour être payés par préférence à tous autres, même aux créanciers hypothécaires, soit sur les meubles, soit sur les immeubles de leurs débiteurs, soit tout à la fois sur leurs meubles et sur leurs immeubles.

§ 8. Cette action privilégiée est exercée sur tous les meubles en général 1° pour les frais de justice; 2° pour les frais funéraires; 3° pour les frais quelconques de dernière maladie; 4° pour salaire des gens de service; 5° pour les fournitures de subsistances faites au débiteur et à sa famille.

§ 9. Elle est exercée sur certains meubles par l'aubergiste pour les fournitures par lui faites sur les effets du voyageur qui ont été transportés dans son auberge; par le voiturier pour les frais de voiture et les dépenses accessoires sur la chose voiturée; par l'État pour les créances résultant d'abus et de prévarications commis par les fonctionnaires publics dans l'exercice de leurs fonctions sur le fonds de leur cautionnement.

§ 10. Les créanciers privilégiés sur les immeubles sont : 1° le vendeur, sur l'immeuble vendu pour avoir le payement de son prix, comme aussi celui qui a fourni les deniers pour ce payement, lequel est subrogé aux droits du vendeur; 2° les cohéritiers, sur les immeubles de la succession pour la garantie des partages faits entre eux et des soultes et retours de lots; 3° les architectes, entrepreneurs, maçons et autres ouvriers employés pour édifier, reconstruire ou réparer des bâtiments, canaux et autres ouvrages quelconques.

§ 11. Les créances privilégiées qui s'étendent à la fois sur les meubles et sur les immeubles sont : les frais de justice, les frais funéraires, ceux de dernière maladie, les salaires des gens de service et les fournitures de subsistances énoncées ci-dessus.

§ 12. Une autre action privilégiée est en outre accordée par la loi au créancier ou au légataire d'une personne décédée pour se faire payer sur les biens de la succession préférablement aux créanciers personnels des héritiers. Cette action est utile toutes les fois que les héritiers du défunt sont grevés de dettes. Pour jouir de ce privilége, les créanciers et les légataires du défunt sont tenus de demander la séparation des patrimoines, afin d'éviter la confusion des biens du défunt avec les biens des héritiers.

TITRE III.

DE LA DIVISION PRINCIPALE DES ACTIONS.

§ 1. Les actions portées sur une question quelconque devant des juges ou des arbitres se divisent en actions *in rem* et en actions *in personam*. En effet, le demandeur agit soit contre celui qui est obligé envers lui en vertu de contrat ou de quasi-contrat, ou en vertu de la loi. C'est pour ce cas qu'ont été introduites les actions *in personam*, par lesquelles il soutient que son adversaire doit lui donner ou faire quelque chose; ou il agit contre celui qui n'est nullement obligé envers lui et qui, cependant, élève une contestation au sujet d'une certaine chose; auquel cas les actions *in rem* ont été établies. Par exemple, si quelqu'un possédait une chose corporelle que Pierre affirme lui appartenir et dont le possesseur prétend être le propriétaire, Pierre, pour soutenir que la chose lui appartient, aurait l'action *in rem* contre le possesseur. Pareillement si quelqu'un prétend un droit d'usufruit sur un fonds de terre ou sur une maison, ou un droit de passage sur l'héritage voisin, ou un droit de tirer de l'eau du fonds du voisin, il a pour agir l'action *in rem*. Le droit aux servitudes urbaines donne lieu à la même action, par exemple, si quelqu'un soutenait avoir le droit d'élever sa maison plus haut, ou un droit de vue, ou le droit de faire une saillie ou d'appuyer une poutre sur le mur du voisin. Les actions qui naissent du droit de servitude sont au nombre de deux : la confessoire et la négatoire. La confessoire compète à celui qui a un droit de servitude sur quelque héritage et qui est troublé dans l'usage de cette servitude. La négatoire compète au propriétaire d'un héritage contre celui qui s'y attribue sans droit quelque servitude.

§ 2. En général, ceux qui ont le *jus in re* jouissent de l'action *in rem* et peuvent agir contre le détenteur de la chose, qu'il soit obligé ou non envers le demandeur, soit pour revendiquer la chose, soit pour la faire vendre à son profit; par exemple, s'il a droit de gage ou d'hypothèque sur cette chose.

§ 3. On a demandé si l'action en bornage appelée *finium regundorum* en droit romain était une action personnelle ou réelle. Cette action compète à tout voisin qui veut se clore ou se borner contre le propriétaire voisin pour le contraindre à reconnaître et à régler contradictoirement avec lui la ligne séparative de leurs domaines respectifs. Elle résulte du quasi-contrat de voisinage, qui engendre, comme nous l'avons dit au § 6 du titre XLIV, livre II, des obligations réciproques entre les voisins; et sous ce rapport, l'action en bornage est personnelle. D'un autre côté, l'on peut la considérer comme réelle, attendu qu'elle a pour objet d'empêcher que l'un des voisins n'usurpe quelque partie des frontières de l'autre. En conséquence, elle est considérée comme une action mixte.

TITRE IV.

DES ACTIONS QUI NAISSENT DES QUASI-DÉLITS, DES DÉLITS ET DES CRIMES.

§ 1. Dans le droit français, qui diffère en cela du droit romain, ainsi que nous l'avons observé (titre XLVI, livre II, §§ 2 et 3), les quasi-délits, les délits et les crimes donnent lieu à une double action : l'action civile, qui compète à la partie lésée pour la restitution de la chose ou pour la réparation du dommage, et l'action pénale, qui compète exclusivement au magistrat désigné par le souverain pour la poursuite des crimes, délits et quasi-délits.

§ 2. La loi a divisé en trois classes les actes punissables, savoir : la contravention, le délit et le crime. Dans la contravention se trouve compris le quasi-délit.

§ 3. Ceux qui se rendent coupables de contravention encourent simplement les peines de police, qui consistent en une amende graduée depuis un franc jusqu'à quinze francs inclusivement, selon la gravité des cas, et quelquefois dans la prison et dans la confiscation des objets dont le coupable a fait usage.

§ 4. La connaissance des contraventions appartient aux juges de paix et aux maires, comme juges de police. L'appel des jugements rendus par ces magistrats est de la compétence des tribunaux de première instance.

§ 5. Ceux qui se rendent coupables de délits encourent les peines de police correctionnelle, qui consistent en un emprisonnement temporaire dans un lieu de correction, l'interdiction à temps de certains droits civils, civiques ou de famille, et une amende graduée depuis seize francs jusqu'à.... Le temps de la prison, la quotité de l'amende et la qualité des droits à retrancher sont laissés à l'appréciation des juges, sans toutefois que le temps de la prison et la quotité de l'amende puissent excéder la limite posée par la loi selon la nature et la gravité des délits.

§ 6. La connaissance des délits appartient au tribunal de police correctionnelle, composé de juges pris parmi les membres du tribunal de première instance.

§ 7. Ceux qui se sont rendus coupables de crimes sont passibles de peines afflictives ou infamantes. Les peines afflictives sont : la mort, les travaux forcés à perpétuité, la déportation, les travaux forcés à temps, la réclusion. Les peines infamantes sont : le bannissement, la dégradation civique, c'est-à-dire la destitution et l'exclusion du condamné de toutes fonctions et emplois publics, la privation du droit d'être juré, expert ou employé comme témoin dans les actes.

§ 8. La condamnation aux travaux forcés à perpétuité entraine la mort civile. Le condamné à la peine des travaux forcés à temps est, de plus, pendant la durée de sa peine en état d'interdiction légale, et il lui est nommé un curateur pour gérer et administrer ses biens.

§ 9. La connaissance des affaires criminelles appartient exclusivement à la cour d'assises, laquelle cour se compose 1° de cinq juges; 2° du procureur impérial ou de son substitut; 3° de douze jurés pris et tirés au sort dans une liste composée par le préfet. En présence de l'accusé, il est donné lecture par le greffier de l'acte d'accusation. Cette lecture achevée, il est procédé à l'interrogatoire de l'accusé, à l'audition des témoins, aux plaidoiries des avocats et du procureur impérial, et enfin au résumé des débats fait par le président de la cour. Les jurés rentrent dans leur chambre, où ils délibèrent entre eux si l'accusé est coupable ou non, et, en cas de culpabilité, s'il existe des circonstances atténuantes. Les jurés reviennent dans le prétoire. Le président lit à haute voix le verdict rendu par le jury à la majorité. S'il en résulte que l'accusé n'est pas coupable, il est renvoyé absous par le président de la cour. S'il en résulte que l'accusé est coupable, les juges délibèrent entre eux sur l'application de la peine, puis ils prononcent l'arrêt, en tenant compte des circonstances atténuantes si le jury les a admises. Le condamné a trois jours pour se pourvoir en cassation de l'arrêt.

TITRE V.

DE LA DURÉE DES ACTIONS ET DE CELLES QUI PASSENT
AUX HÉRITIERS OU CONTRE LES HÉRITIERS.

§ 1. Dans l'ancien droit romain les actions qui émanaient de la loi, des sénatus-consultes ou des constitutions impériales duraient perpétuellement, jusqu'à ce que les nouvelles constitutions eurent assigné certaines bornes aux actions tant réelles que personnelles; mais les actions qui émanaient de la juridiction du préteur ne duraient pour la plupart qu'une année, qui était le temps du pouvoir de ce magistrat.

§ 2. Dans le droit français les actions civiles pour la plupart peuvent être exercées tant qu'elles ne sont pas éteintes par la prescription, qui est aussi un moyen d'éteindre les obligations, comme nous l'avons vu au titre XLV, § 13, du livre II. Or, le temps nécessaire pour acquérir la prescription contre les actions varie selon la nature des actions.

§ 3. Toutes les fois qu'un créancier a laissé écouler trente ans sans intenter son action, la prescription est acquise de droit au débiteur, bien que, dans le for intérieur, il demeure toujours obligé tant qu'il n'a pas satisfait son créancier. Le délai de trente ans court à partir du terme de l'échéance fixé pour le payement. C'est le plus long délai accordé par la loi pour acquérir la prescription.

§ 4. La prescription est fondée sur ce que le créancier qui est demeuré pendant un si long temps sans demander ce qui lui est dû est réputé avoir été satisfait.

§ 5. La prescription court contre toutes personnes, à moins qu'elles ne soient dans quelque exception établie par la loi.

§ 6. Elle ne court pas contre les mineurs et les interdits, sauf à l'égard de quelques dettes qui se payent ordinairement sur les revenus, auquel cas ils ont leur recours contre leurs tuteurs.

§ 7. La prescription est pareillement suspendue à l'égard de la créance qui dépend d'une condition jusqu'à ce que la condition arrive.

§ 8. La prescription peut être interrompue par certains actes; par exemple, lorsque le créancier a cité son débiteur en justice, ou qu'il lui a fait un commandement ou une saisie, ou lorsque le débiteur a reconnu le droit de son créancier. L'interpellation faite au débiteur principal ou sa reconnaissance interrompent aussi la prescription contre ses cautions.

§ 9. L'action contre les architectes et les entrepreneurs pour la garantie des gros ouvrages qu'ils ont faits ou dirigés se prescrit par dix ans, temps qui a semblé suffisant pour répondre de la solidité et bonne confection des ouvrages.

§ 10. L'action pour le payement des arrérages de rentes perpétuelles et viagères, des pensions alimentaires, des loyers de maisons, des fermages de biens ruraux et des intérêts de sommes prêtées se prescrivent par cinq ans. Il en est de même de l'action qui compète aux plaideurs pour demander aux juges et aux avoués la remise des pièces d'un procès. Ce délai passé sans que la demande ait été faite, ils sont déchargés.

§ 11. L'action en revendication d'une chose perdue ou volée se prescrit par le laps de trois ans à partir de la perte ou du vol. En conséquence, le propriétaire de la chose perdue ou volée ne peut plus la revendiquer après l'expiration de ce délai, à moins que ce ne soit contre le voleur tant qu'il est nanti de la chose volée. Cette action ne s'éteint contre le voleur que par sa mort. Dans le droit romain la revendication avait lieu aussi contre le détenteur quelconque de la chose volée, *quia vitium cum re ambulat.*

§ 12. Se prescrivent par deux ans les actions des avoués pour le payement de leurs frais et salaires, l'action des parties contre les huissiers pour leur demander les actes dont ils étaient chargés.

§ 13. Et par le laps d'une année 1° l'action des médecins, chirurgiens et pharmaciens pour leurs visites, opérations et médicaments; 2° celle des huissiers pour le salaire des actes qu'ils signifient ou des commissions qu'ils exécutent; 3° celle des marchands pour les marchandises qu'ils vendent aux particuliers non marchands; 4° celle des maitres de pension pour le prix de la pension de leurs élèves, celle des autres maitres pour le prix de l'apprentissage; et celle des domestiques qui se louent à l'année pour le payement de leurs salaires.

§ 14. Enfin, l'action des maitres et instituteurs des sciences et arts pour les leçons qu'ils donnent au mois, celle des hôteliers et traiteurs à raison du logement et de la nourriture qu'ils fournissent, celle des ouvriers et gens de travail pour le payement de leurs journées, fournitures et salaires, se prescrivent par six mois.

§ 15. L'action publique et l'action civile résultant d'un crime de nature à entraîner des peines afflictives ou infamantes se prescrivent après dix années révolues à partir de la perpétration du crime, si dans cet intervalle il n'a été fait aucun acte d'instruction ni de poursuite.

§ 16. Le temps de la prescription est réduit à trois années révolues s'il s'agit d'un délit de nature à être puni correctionnellement.

§ 17. L'action publique et l'action civile pour une contravention sont prescrites après une année révolue à compter du jour où elle a été commise.

§ 18. Les peines portées par les arrêts ou jugements rendus en matière criminelle se prescrivent par vingt ans révolus à compter de la date des arrêts ou jugements.

§ 19. Les peines portées par les arrêts ou jugements rendus en matière correctionnelle se prescrivent par cinq ans révolus à compter de la date de l'arrêt rendu en dernier ressort, et à l'égard des peines prononcées par les tribunaux de première instance à compter du jour où ils ne pourront plus être attaqués par la voie de l'appel.

§ 20. Les peines portées par les jugements rendus pour contravention sont prescrites après deux années révolues, savoir : pour les peines prononcées par arrêt ou jugement en premier ressort, à compter du jour de l'arrêt, et à l'égard des peines prononcées par les tribunaux de première instance, à compter du jour où ils ne pourront plus être attaqués par voie d'appel.

§ 21. Les condamnations civiles portées par les jugements rendus en matière criminelle, correctionnelle ou de police, et devenues irrévocables, se prescrivent d'après les règles ci-dessus établies.

§ 22. Les actions qui compètent contre quelqu'un ne passent pas toutes contre l'héritier. En règle générale, les actions pénales pour cause de crime, de délit et de contravention ne passent point contre l'héritier du coupable, mais elles compètent à l'héritier de celui au préjudice duquel le crime, le délit ou la contravention a été commis. Il y a même des cas où l'action qui nait d'un contrat ne compète point contre l'héritier; par exemple, si un homme avait trompé quelqu'un en traitant avec lui, l'héritier qui n'aurait point profité de la tromperie ne pourrait être poursuivi.

TITRE VI.

DES EXCEPTIONS.

§ 1. Les exceptions sont établies pour la défense de ceux contre lesquels on agit; car il arrive souvent que, bien que la poursuite exercée par le demandeur soit juste en elle-même, cependant elle est injuste à l'égard de celui contre lequel elle est exercée.

§ 2. Par exemple, si Pierre, contraint par la crainte ou séduit par la ruse ou par l'erreur, a promis à Paul ce qu'il n'aurait pas dû lui promettre, il est évident que Pierre est obligé par le droit civil envers Paul et que l'action intentée par Paul est efficace; mais il est injuste que Pierre soit condamné: c'est pourquoi il lui est accordé l'exception qu'on appelle en droit romain *metûs causâ*, ou *doli mali*, ou *in factum composita*, pour repousser l'action. Ces exceptions ont été admises par le droit français.

§ 3. Dans le droit romain il y avait l'exception *non numeratæ pecuniæ*, dont nous avons déjà fait mention sous le titre XXXI du livre II, § 2... Si vous aviez remis à Pierre votre billet souscrit à son profit pour une somme de deux cents francs, par exemple, qu'il ne vous avait pas comptée, il n'était pas douteux que Pierre pouvait exiger de vous la somme portée au billet, puisque vous étiez obligé par votre signature (obligation littérale); mais, comme il aurait été injuste que vous fussiez condamné pour cela, ladite exception a été établie par les constitutions des empereurs au profit du souscripteur du billet qu'il pouvait opposer dans l'intervalle de deux ans à compter de la date du billet.

§ 4. Pareillement, lorsqu'un débiteur était convenu par un simple pacte que son créancier ne lui demanderait pas son dû, il n'en demeurait pas moins obligé, attendu que les obligations n'étaient pas dissoutes par les pactes : c'est pourquoi l'action intentée par le créancier était efficace; mais, comme il était injuste que le débiteur fût condamné, au mépris du pacte convenu, il lui était permis de se défendre *exceptione pacti conventi*.

§ 5. Dans le droit français l'exception *non numeratæ pecuniæ* existe, mais elle n'est pas limitée aux termes de deux ans. Elle peut toujours être opposée si le souscripteur du billet peut prouver que l'argent ne lui a pas été compté. Quant à l'exception *pacti conventi,* elle était déjà devenue inutile, même dans le droit romain, à partir du temps où les simples pactes obligèrent les parties aussi bien que la solennité des paroles.

§ 6. Si un débiteur affirme qu'il ne doit pas, si le créancier lui défère le serment et si le débiteur jure qu'il ne doit rien, il n'en reste pas moins obligé; mais, attendu qu'il serait inique de l'accuser de parjure, il se défend *per exceptionem jurisjurandi.*

§ 7. Les exceptions sont également nécessaires contre les actions *in rem.* Si le possesseur d'une chose, sur le serment qui lui est déféré par le vrai propriétaire, jure que cette chose lui appartient, et si le vrai propriétaire intente néanmoins l'action en revendication, bien que son action soit juste, il serait cependant injuste de condamner le possesseur, qui peut alors se défendre *per exceptionem jurisjurandi.*

§ 8. Pareillement, si, sur votre poursuite intentée soit *in rem,* soit *in personam,* votre débiteur a été acquitté par un jugement mal fondé, mais passé en force de chose jugée, l'obligation ne subsiste pas moins, et en conséquence vous auriez droit de poursuivre votre débiteur pour la même cause, mais il pourra vous opposer l'exception *rei judicatæ.* Ces sortes d'exceptions sont admises par le droit français.

§ 9. Les exceptions sont ou perpétuelles et péremptoires ou temporelles et dilatoires. Les perpétuelles et péremptoires sont celles qui peuvent toujours être opposées au demandeur et qui anéantissent la matière du procès. Telles sont l'exception *doli mali* et l'exception *quod metùs causâ factum est.*

§ 10. Les exceptions temporelles et dilatoires sont celles qui suspendent l'exercice de l'action pendant un certain temps; par exemple, le créancier a le droit d'exercer son action contre l'héritier du défunt ou contre sa veuve, qui était commune en biens avec le défunt; mais la veuve commune et l'héritier peuvent pendant trois mois et quarante jours à compter du décès opposer l'exception dilatoire qui leur est accordée, pour prendre connaissance de la succession ou de la communauté. Pareillement l'exception *judicatum solvi* peut être opposée par le défendeur contre tous étrangers, demandeurs principaux ou intervenants, jusqu'à ce qu'ils aient fourni caution de payer les frais et dommages-intérêts auxquels ils pourraient être condamnés. Si le demandeur consigne la somme jusqu'à concurrence de laquelle la caution sera fixée par le juge ou s'il justifie que ses immeubles situés en France sont suffisants pour répondre, il sera dispensé de donner caution.

§ 11. Les exceptions dilatoires doivent être proposées conjointement et avant toute défense au fond.

§ 12. Les exceptions par lesquelles le débiteur se défend sont applicables la plupart du temps à ses cautions, et ce avec raison, parce que ce qui est demandé aux cautions est censé demandé au débiteur principal, ce débiteur étant tenu *actione mandati* à leur rendre ce qu'ils ont payé pour lui.

§ 13. Il y a néanmoins des cas où les cautions ne peuvent profiter de cette exception : par exemple, si un débiteur a fait cession de biens et que le créancier veuille cependant exercer son action, le débiteur peut lui opposer l'exception *cessionis bonorum ;* mais cette exception n'est point accordée aux fidéjusseurs, attendu que celui qui prend des cautions pour son débiteur a principalement en vue de recouvrer ce qui lui est dû de ces cautions dans le cas d'insolvabilité du débiteur principal.

TITRE VII.

DES ACTIONS POSSESSOIRES.

§ 1. Indépendamment des actions réelles et des actions personnelles, il existe une espèce particulière d'actions qui ne naissent ni du droit *in re* ni du droit *ad rem*, mais bien du fait de la possession, laquelle donne au possesseur certains droits par rapport à la chose qu'il possède. En effet, la possession procure de grands avantages : elle dispense de la preuve. Le possesseur de bonne foi gagne les fruits consommés et n'est tenu, en cas d'éviction, que de rendre ceux existants ; il retient la chose jusqu'à ce qu'il soit évincé par la sentence du juge ; il se défend par sa propre autorité si quelqu'un vient pour le troubler ou le chasser par violence : *possideo quia possideo*. Enfin, la condition du possesseur est toujours la meilleure lorsqu'il y a doute.

§ 2. En cas de trouble dans sa possession, le possesseur a une action contre le perturbateur aux fins qu'il y soit maintenu et qu'il soit fait défense au perturbateur de l'y troubler, sauf à se défendre au pétitoire. Cette action a lieu non-seulement pour les héritages, mais même pour les droits incorporels : *jura non possidentur, sed quasi possi-*

dentur. Cette action, que l'on appelait dans l'ancien droit français *complainte en cas de saisine et de nouvelleté*, a une grande analogie avec celle connue dans le droit romain sous le nom d'*interdictum uti possidetis*.

§ 3. L'effet du jugement obtenu en vertu de cette action ou complainte par le possesseur est que ce possesseur, maintenu dans sa possession, n'aura rien à prouver lorsqu'il sera poursuivi au pétitoire, et sera présumé propriétaire jusqu'à ce que l'autre partie, sur la demande qu'elle formera au pétitoire, ait amplement justifié de sa propriété. Cette action ou complainte devait être intentée dans l'année du trouble, ce qui a été maintenu par le droit nouveau.

§ 4. Dans le cas où le possesseur n'a pas été seulement troublé, mais entièrement dépossédé par violence, cette action, connue dans l'ancien droit français sous le nom de *complainte en réintégrande*, a du rapport avec celle que l'on appelait dans le droit romain *interdictum unde vi*. Elle n'a lieu que relativement aux héritages, c'est-à-dire aux fonds de terre et aux maisons. Cette action *en réintégrande* devait être intentée dans l'année à compter du jour où la violence avait cessé et où le spolié avait été en pouvoir de l'intenter. Elle a été maintenue dans le droit nouveau.

§ 5. Lorsque la possession est de bonne foi et

avec juste titre, elle a, outre les avantages ci-dessus énoncés, celui de faire acquérir au possesseur la propriété de la chose après le délai fixé pour la prescription. (Voir liv. II, tit. IX, § 14.)

§ 6. Il reste à observer que le demandeur au pétitoire ne sera plus recevable à agir au possessoire, c'est-à-dire que, si quelqu'un, se prétendant propriétaire d'une chose, intente contre celui qui la possède une action en revendication de la propriété, il ne pourra plus intenter l'action tendant à se faire restituer la possession de cette chose.

TABLE DES MATIÈRES.

D

E

F

G

I

J

L